CB132322

CHOCOLATE IRRESISTÍVEL

CHOCOLATE IRRESISTÍVEL

RECEITAS DELICIOSAS DE SORVETES, TRUFAS, BOLOS, TORTAS, CREPES E OUTRAS TENTAÇÕES

JENNIFER DONOVAN

PUBLIFOLHA

Título original: *Chocolate*

Copyright © 2013 Watkins Publishing Limited
Copyright do texto © 2008, 2013 Jennifer Donovan
Copyright das fotos © 2008, 2013 Watkins Publishing Limited
Copyright © 2013 Publifolha – Divisão de Publicações da Empresa Folha da Manhã S.A.

Publicado originalmente na Grã-Bretanha e na Irlanda em 2013 pela Duncan Baird Publishers, uma divisão da Watkins Publishing Limited, 6º andar, 75 Wells Street, Londres W1T 3QH, Inglaterra.

Todos os direitos reservados. Nenhuma parte desta obra pode ser reproduzida, arquivada ou transmitida de nenhuma forma ou por nenhum meio sem a permissão expressa e por escrito da Empresa Folha da Manhã S.A., por sua divisão de publicações Publifolha.

Proibida a comercialização fora do território brasileiro.

COORDENAÇÃO DO PROJETO: PUBLIFOLHA
Editora assistente: Paula Dume
Coordenadora de produção gráfica: Mariana Metidieri
Produtora gráfica: Samantha R. Monteiro

PRODUÇÃO EDITORIAL: ESTÚDIO SABIÁ
Tradução: Mary Amazonas Leite de Barros
Preparação de texto: Naiara Raggiotti
Revisão: Hebe Lucas, Valéria Sanalios
Editoração eletrônica: MOS editorial

EDIÇÃO ORIGINAL: DUNCAN BAIRD PUBLISHERS
Gerente editorial: Sarah Epton
Editoras: Alison Bolus, Judith More
Gerente de arte: Manisha Patel
Designer: Gail Jones
Fotografia: William Lingwood
Produção culinária: Bridget Sargeson, Jayne Cross
Produção de objetos: Helen Trent, Lucy Harvey
Foto de capa: Viel/Photocuisine
Foto de contracapa: William Lingwood/Watkins Publishing Limited

As receitas de *Chocolate irresistível* foram extraídas do livro *O grande livro de receitas: Chocolate* (Publifolha, 2008).

Para minha família: Kevin, Chris e James

NOTA DO EDITOR

Apesar de todos os cuidados tomados na elaboração das receitas deste livro, a Duncan Baird Publishers não se responsabiliza por erros ou omissões decorrentes da preparação dos pratos.

Pessoas com restrições alimentares, grávidas e lactantes devem consultar um médico especialista sobre os ingredientes de cada receita antes de prepará-la.

As fotos deste livro podem conter acompanhamentos ou ingredientes meramente ilustrativos.

Observações, exceto se orientado de outra forma:

- Use sempre ingredientes frescos
- Use ovos médios
- O forno deve ser preaquecido na temperatura indicada na receita

Equivalência de medidas:

- 1 colher (chá) = 5 ml
- 1 colher (sopa) = 15 ml
- 1 xícara = 250 ml

Dados Internacionais de Catalogação na Publicação (CIP)
(Câmara Brasileira do Livro, SP, Brasil)

Donovan, Jennifer
Chocolate irresistível : receitas deliciosas de sorvetes, trufas, bolos, tortas, crepes e outras tentações / Jennifer Donovan ; [tradução Mary Amazonas Leite de Barros]. – 1. ed. – São Paulo : Publifolha, 2013.

Título original: Chocolate.
ISBN 978-85-7914-449-3

1. Culinária (Chocolate) 2. Receitas I. Título.

13-05873 CDD-641.6374

Índices para catálogo sistemático:
1. Chocolate : Receitas culinárias : Economia doméstica 641.6374

Este livro segue as regras do Acordo Ortográfico da Língua Portuguesa (1990), em vigor desde 1º de janeiro de 2009.

Impresso na World Print Ltd, China.

PUBLIFOLHA
Divisão de Publicações do Grupo Folha
Al. Barão de Limeira, 401, 6º andar
CEP 01202-900, São Paulo, SP
Tel.: (11) 3224-2186/2187/2197
www.publifolha.com.br

Sumário

Introdução

Poucas coisas evocam emoções tão intensas quanto o chocolate. Sedoso e suave, ele tem percorrido o mundo há séculos. Foram os povos pré-colombianos da América Central que descobriram a iguaria e usaram as primeiras favas do cacaueiro para preparar uma bebida nobre, servida em ocasiões especiais. Mais tarde, no século XVI, os espanhóis levaram a novidade para a Europa, acrescentando à bebida amarga um pouco de açúcar e especiarias, como canela e baunilha, a fim de deixá-la mais agradável ao paladar. E assim, por volta do século XVII, o chocolate já era moda em toda a Europa.

Duzentos anos depois, surgiriam as primeiras formas sólidas, e os métodos de fabricação tradicionais logo tornariam possível a produção em massa.

Atualmente, o chocolate é uma das delícias mais populares no planeta. Lojas finas contribuem para a crescente paixão pelo chocolate de alta qualidade. No mundo todo, tem aumentado a demanda por ingredientes da melhor procedência, de modo que o chocolate orgânico e o selo internacional Fair Trade, que garante a produção sustentável, com pagamento justo ao agricultor, conquistam cada vez mais o consumidor.

Neste livro, você vai encontrar tudo o que precisa saber sobre o chocolate, com uma série de receitas deliciosas e fáceis de fazer, desde saborosos bolos, brownies, sorvetes, pudins e muffins até sobremesas espetaculares. Muitas são tradicionais, ao passo que outras ensinam truques novos e diferentes para usar o chocolate como ingrediente.

Além de contar um pouco a história dessa iguaria e oferecer uma farta opção de receitas, este volume ainda dá dicas sobre os ingredientes básicos e métodos mais comuns de preparo – tudo para que os seus pratos saiam perfeitos.

POR DENTRO DO CHOCOLATE

O chocolate é feito com as sementes do cacau, fruto do cacaueiro, árvore provavelmente originária da América do Sul, embora o local exato seja fonte de controvérsias.

Delicado, o cacaueiro precisa de proteção contra o vento e bom sombreamento; em geral, dá frutos no quinto ano de cultivo em condições naturais. Embora haja cerca de 20 variedades diferentes de cacaueiro, apenas três são largamente usadas na fabricação do chocolate – o forasteiro, o crioulo e o trinitário.

O fruto do cacaueiro, também conhecido como "vagem", contém entre 20 e 50 sementes marrons revestidas por um creme branco. Para produzir apenas meio quilo de chocolate, são necessárias cerca de 400 sementes.

Fermentadas, secas, limpas e torradas, as sementes são então moídas, processo pelo qual se obtém uma massa chamada de "pasta" ou "licor de cacau". A prensagem dessa massa produz a manteiga de cacau e a torta de cacau.

Tanto o licor quanto a manteiga de cacau são usados na produção do chocolate em quantidades que variam de cerca de 25% do peso do produto final até aproximadamente 80%. Outros ingredientes, como açúcar, baunilha e leite, também são acrescentados ao chocolate antes que ele passe às etapas finais de processamento.

Em geral, quanto mais doce o chocolate, mais açúcar e menos cacau ele contém. Por outro lado, quanto mais escuro e amargo, maior é a porcentagem de cacau usada, resultando em um produto de melhor qualidade.

TIPOS DE CHOCOLATE

Existem quatro tipos básicos de chocolate: amargo, ao leite, branco e as variedades em pó.

O chocolate amargo é muito usado na culinária. Escolha aqueles com alto teor de cacau, de preferência entre 70 e 85%. Chocolates com teor de cacau entre 60 e 70% também oferecem ótimos resultados e são mais fáceis de encontrar no mercado.

Neste livro, o chocolate amargo utilizado nas receitas tem 70% de cacau. Não foram usadas porcentagens maiores, como 85%, para que as sobremesas não ficassem amargas.

O chocolate ao leite tem em geral menos de 3% de cacau, sendo pouco indicado para assar ou cozinhar. Pode, no entanto, ser usado em musses, recheios, bebidas e biscoitos, especialmente para crianças, que preferem sobremesas mais doces. Para obter melhores resultados, compre chocolate ao leite de boa qualidade, isento de sabores artificiais ou excesso de gordura. As variedades orgânicas são uma boa escolha.

O chocolate branco é outra variante bastante popular e que pode ser usada na cozinha com bons resultados. Tecnicamente, não é um verdadeiro chocolate, pois não contém licor de cacau. É produzido apenas com manteiga de cacau, açúcar, leite e baunilha.

As variedades em pó também são muito usadas na cozinha, mas, como no caso do chocolate sólido, a qualidade varia de acordo com o teor de cacau. O mais puro, o cacau em pó, é derivado da torta de cacau pulverizada e contém, no mínimo, 20% de manteiga de cacau. O cacau em pó holandês passa por um processo especial de alcalinização e é considerado um dos melhores.

O chocolate em pó, também conhecido como achocolatado, é uma mistura de cacau em pó e açúcar, sendo, portanto, mais doce.

ARMAZENAMENTO

O chocolate pode ser conservado por até um ano se armazenado sob condições adequadas.

É importante mantê-lo em local fresco – cerca de 20°C – e não conservá-lo em geladeira.

A umidade é prejudicial ao chocolate, que ainda pode absorver os odores dos alimentos. Caso seja absolutamente necessário levá-lo à geladeira, embale em filme de PVC ou coloque em um recipiente hermético.

Quando o chocolate é armazenado de maneira incorreta, sob umidade ou calor excessivo, uma película – chamada "véu branco" – pode se formar sobre sua superfície. Nesse caso, embora o sabor e o aspecto não sejam tão agradáveis, não há problema em usá-lo ou consumi-lo.

INGREDIENTES

A maior parte dos ingredientes usados nas receitas deste livro pode ser encontrada e é vendida em quantidade padrão, mas vale a pena observar alguns pontos específicos.

Açúcar – a menos que seja indicado o tipo de açúcar, como açúcar mascavo, todas as receitas levam açúcar refinado, principalmente as do capítulo 3: "Bolos, tortas e biscoitos". Os grãos finos do açúcar refinado produzem resultado melhor.

Farinha – farinha de trigo comum e farinha de trigo com fermento são usadas em todo o livro. Se você não tiver farinha com fermento, e precisar fazer um pouco, adicione 1½ colher (sopa) de fermento e ½ colher (sopa) de sal para cada 125 g de farinha de trigo.
Folha de gelatina – vendida em folhas sólidas que devem ser hidratadas em água. Dissolve-se facilmente em qualquer líquido morno. Se necessário, pode-se substituí-la pela gelatina em pó – 10 g fornecem cerca de 500 ml de gelatina.
Folha de ouro – comestível, é encontrada em lojas especializadas em produtos para confeitaria.
Manteiga – todas as receitas, salvo especificação diferente, usam manteiga com sal.
Ovos – todas as receitas usam ovos graúdos. Algumas receitas contêm ovos crus e, por causa do leve risco de contaminação por salmonela, não devem ser servidas a crianças pequenas, grávidas ou idosos.

UTENSÍLIOS

Você não vai precisar de muitos acessórios especiais para trabalhar com o chocolate. As receitas deste livro exigem utensílios de cozinha básicos, como assadeiras com aro removível e fôrmas caneladas para torta. Contudo, algumas peças que talvez você não tenha à mão podem ser bastante úteis e facilitam o processo.

Assadeiras e fôrmas – use as antiaderentes sempre que possível, de preferência de silicone, durável e flexível. Observe que existem fôrmas de bolo e de flã de várias profundidades, e é importante usar aquela recomendada pela receita para evitar fazer recheio de mais ou de menos. Escolha fôrmas com aro removível para facilitar.
Mixer – serve para bater e misturar ingredientes com o mínimo esforço. Como alternativa, use um batedor manual.
Panela para banho-maria – consiste numa panela em que se encaixa outra menor. Na panela de fora é aquecida a água, enquanto os ingredientes ficam na panela de dentro, longe do contato direto com o calor. É útil para aquecer e derreter ingredientes delicados, como cremes de chocolate ou de ovos.
Papel-manteiga – é usado para forrar fôrmas e assadeiras.
Processador – use-o para moer biscoitos ou farinha de rosca ou para dar liga à massa de biscoito, entre outras tarefas culinárias.

TÉCNICAS DE COZIMENTO

Banho-maria – esse termo da culinária francesa refere-se a um método de cozimento lento, usado no preparo de pratos delicados, como cremes, e em processos nos quais se deve evitar cozinhar demais. O recipiente em que o alimento é cozido é colocado dentro de outro recipiente, maior, com água.

Derretimento do chocolate – o chocolate é um produto delicado, que pode queimar facilmente. Derrete melhor entre 40°C e 45°C. Sempre que possível, opte por derretê-lo em banho-maria. Esse processo evita o superaquecimento. Também é possível usar uma panela simples para derreter o chocolate diretamente no fogão, sob fogo bem baixo, desde que se vigie o processo, mexendo devagar. Outra alternativa é usar o forno de micro-ondas. Como o tempo necessário varia de acordo com a quantidade de chocolate a ser derretido e a potência do forno, é melhor fazer um teste prévio. Comece com 30 segundos e repita até que o chocolate esteja derretido, mexendo delicadamente nos intervalos.

Temperagem – é um processo que envolve o aquecimento e o esfriamento do chocolate em temperaturas específicas, que estabilizam o chocolate e lhe conferem aparência brilhante e textura mais firme. A temperagem é usada principalmente por chocolateiros profissionais e pode ser feita manualmente ou em máquina. Esse processo não é necessário para as receitas deste livro.

TOQUES FINAIS

Espirais, folhas e outros enfeites de chocolate são simples de fazer e acrescentam um toque especial à receita.

Como fazer espirais de chocolate – use um cortador de legumes para raspar um tablete de chocolate. Modele as espirais e conserve-os em lugar fresco, para que não percam a forma. Outro método, um pouco mais complexo, consiste em espalhar chocolate derretido sobre uma pedra de mármore, se tiver uma, ou na parte posterior de uma grande assadeira de metal. Deixe esfriar e, em seguida, crie as espirais com uma faca de lâmina comprida. É realmente um processo mais complicado; no entanto, os resultados compensam o trabalho. Essa técnica pode ser usada com chocolate amargo, ao leite ou branco, ou uma combinação deles, produzindo belos desenhos em bolos, tortas e outras sobremesas.

Como fazer folhas de chocolate – você pode usar folhas naturais ou artificiais, vendidas em lojas de decoração. Limpe-as bem e pincele o dorso delas com chocolate derretido. Leve à geladeira e deixe gelar. Em seguida, descole devagar a folha de chocolate da folha verdadeira, segurando-a pelo cabinho.

Enfeites em geral – você pode desenhar inúmeras formas de chocolate com um saco de confeitar. Modele-as sobre uma superfície lisa forrada com papel-manteiga e não as faça muito delicadas ou finas, para que não desmanchem com facilidade. Leve-as à geladeira e espere que endureçam antes de usá-las. Um jeito fácil e bonito de decorar sorvetes, musses e merengues é modelar tiras grossas de chocolate amargo e branco. Você pode fazê-las compridas e, depois de resfriadas, cortá-las em pedaços adequados a cada sobremesa.

Base para cheesecake com chocolate

PREPARO 10 minutos COZIMENTO 10 minutos RENDIMENTO 1 bolo de 23 cm de diâmetro

250 g de bolacha de maisena
2 colheres (sopa) de cacau em pó
100 g de manteiga derretida

1 Preaqueça o forno a 200°C.

2 Quebre as bolachas e triture-as no processador. Junte o cacau e a manteiga derretida e bata até obter uma mistura homogênea.

3 Coloque numa fôrma untada de 23 cm de diâmetro com aro removível. Aperte a massa contra o fundo e as laterais da fôrma e asse em forno quente por 10 minutos. Retire do forno e deixe esfriar antes de desenformar.

Creme espesso de chocolate

PREPARO 10 minutos COZIMENTO 10 minutos RENDIMENTO 750 ml

375 ml de leite
375 ml de creme de leite
8 gemas
150 g de açúcar
2 colheres (sopa) de cacau em pó
1 colher (chá) de essência de baunilha

1 Aqueça o leite e o creme de leite em fogo baixo até amornar. Bata as gemas, o açúcar e o cacau e adicione o creme morno. Leve ao fogo com a essência de baunilha e mexa até começar a engrossar e cobrir o dorso da colher. Não ferva.

2 Transfira para uma tigela e deixe esfriar.

Calda fresca de caramelo

PREPARO 5 minutos COZIMENTO 5 minutos RENDIMENTO 500 ml

125 g de açúcar
125 g de manteiga picada
250 ml de creme de leite

1 Em fogo baixo, derreta o açúcar e a manteiga, mexendo delicadamente, até que a calda fique cor de caramelo claro.
2 Retire do fogo e junte o creme de leite (cuidado para não se queimar com os borrifos do açúcar).
3 Despeje a mistura em um pote hermético, deixe esfriar completamente e conserve na geladeira por 2 a 3 dias.

Massa de carolina

PREPARO 10 minutos COZIMENTO 5 minutos RENDIMENTO 6 bombas grandes ou 12 profiteroles

2 colheres (chá) de açúcar
60 g de manteiga gelada picada
90 g de farinha de trigo peneirada
2 ovos

1 Leve ao fogo baixo o açúcar, a manteiga e 185 ml de água. Mexa até que a manteiga comece a derreter. Retire do fogo e junte a farinha de uma vez. Mexa bem até obter uma massa grossa.
2 Leve novamente ao fogo e mexa até que a massa comece a se desprender das laterais da panela.
3 Retire a panela do fogo e junte os ovos, misturando com um batedor manual. Para melhores resultados, use a massa enquanto estiver morna.

Massa doce para torta

PREPARO 10 minutos, mais o tempo de refrigeração COZIMENTO 30-35 minutos
RENDIMENTO 1 torta de 23 cm de diâmetro ou 4-6 tortinhas

250 g de farinha de trigo, mais um pouco para abrir
3 colheres (sopa) de açúcar de confeiteiro
150 g de manteiga gelada picada
2 gemas

1 Numa tigela grande, misture a farinha e o açúcar. Junte a manteiga e esfregue-a entre os dedos até que forme pequenos grumos. Junte as gemas e um pouco de água gelada – o suficiente para formar uma massa. Quanto menos água você usar, mais macia ficará a massa. Envolva-a em filme de PVC e leve à geladeira por 15 minutos.
2 Preaqueça o forno a 180°C. Abra a massa sobre uma superfície levemente enfarinhada numa espessura de cerca de 5 mm. Coloque-a numa assadeira de aro removível com 3-4 cm de profundidade. Evite esticá-la e apare as bordas.
3 Cubra a assadeira com papel-manteiga e asse por 20-25 minutos. Retire do forno e remova delicadamente o papel. Leve ao forno por mais 8-10 minutos ou até que a massa esteja seca e dourada. (Se preferir fazer tortinhas, divida a massa em quatro ou cinco pedaços e abra cada um de modo a obter 10 cm de diâmetro e 3-4 cm de profundidade; asse por 10-12 minutos e, em seguida, por mais 5-7 minutos.)

variação *Para fazer Massa doce com chocolate, junte à farinha de trigo 1 colher (sopa) de cacau em pó e asse até que a massa fique seca e dourada.*

Sobremesas rápidas

Este capítulo apresenta sobremesas de sabor muito especial, que podem ser feitas com o mínimo de esforço. São receitas simples e fáceis, como zabaione, fondue, musse e o tiramisù rápido, que causam o mesmo efeito das criações mais trabalhosas.

Zabaione de chocolate

PREPARO 10 minutos COZIMENTO 7-8 minutos RENDIMENTO 4 porções

8 gemas
4 colheres (sopa) de açúcar
5 colheres (sopa) de marsala
100 g de chocolate amargo derretido
4 biscoitos champanhe

1 Numa tigela grande refratária, bata as gemas, o açúcar e o marsala. Coloque em banho-maria, em fogo baixo, para que os ovos não talhem. Bata com vigor até que a mistura fique espumosa e comece a engrossar (levará cerca de 7-8 minutos).

2 Retire da água fervente e misture o chocolate derretido, já frio.

3 Distribua a mistura entre quatro taças e sirva imediatamente, acompanhado de biscoitos champanhe.

Mix de chocolate e castanha

PREPARO 10 minutos RENDIMENTO 4 porções

300 ml de creme de leite
6 colheres (sopa) de pasta de castanha pronta
125 g de raspas de chocolate amargo
2 colheres (sopa) de licor de café
1 colher (sopa) de açúcar
8 suspiros

1 Bata o creme de leite e a pasta de castanha até que a mistura comece a engrossar. Junte 100 g das raspas de chocolate, o licor e o açúcar e bata até ficar homogêneo, mas sem perder a forma (tome cuidado para não bater demais).

2 Coloque os suspiros num saco de plástico, amasse-os levemente com um rolo e, em seguida, junte-os ao creme de chocolate.

3 Distribua entre quatro pratos, espalhe as raspas restantes e sirva.

Mix de chocolate branco com amora

PREPARO 10 minutos RENDIMENTO 4 porções

300 ml de creme de leite
1 colher (sopa) de açúcar
2 colheres (sopa) de licor de amora
8 suspiros
100 g de chocolate branco derretido
125 g de amora levemente amassada

1 Bata o creme de leite, o açúcar e o licor em ponto de chantili.

2 Coloque os suspiros num saco de plástico e triture-os levemente com um rolo. Junte-os ao creme e misture. Em seguida, incorpore lentamente o chocolate derretido, frio, e as amoras.

3 Distribua o mix em quatro pratos e sirva imediatamente.

Fondue de chocolate com licor

PREPARO 10 minutos COZIMENTO 5 minutos RENDIMENTO 4 porções

300 g de chocolate amargo em pedaços
200 ml de creme de leite
1 colher (chá) de café instantâneo granulado
1 colher (sopa) de licor de café ou de avelã
1 colher (chá) de essência de baunilha
biscoito diplomata (ou champanhe)

1 Aqueça o chocolate, o creme de leite e o café em fogo baixo até que o chocolate comece a derreter. Retire do fogo e misture o licor e a essência de baunilha.

2 Despeje num recipiente próprio para fondue, ou em tigelas individuais, e sirva imediatamente com os biscoitos.

Tiramisù rápido com chocolate

PREPARO 10 minutos RENDIMENTO 4 porções

200 g de mascarpone em temperatura ambiente
2 gemas
100 g de açúcar de confeiteiro peneirado
200 ml de creme de leite
100 g de chocolate amargo derretido
6 biscoitos diplomata (ou champanhe)
125 ml de café forte
4 colheres (sopa) de marsala
4 colheres (sopa) de raspas de chocolate

1 Bata o mascarpone, as gemas e o açúcar de confeiteiro. Misture o creme de leite e o chocolate derretido, já frio.

2 Quebre os biscoitos em pedacinhos e distribua entre quatro pratos.

3 Misture o café e o marsala e regue os biscoitos; cubra com o creme de mascarpone e, antes de servir, espalhe as raspas de chocolate por cima.

Musse de chocolate amargo rapidíssima

PREPARO 10 minutos, mais o tempo de refrigeração RENDIMENTO 4 porções

2 claras
5 colheres (sopa) de açúcar
200 g de chocolate amargo derretido
250 ml de creme de leite batido em ponto de chantili

1 Bata as claras em neve. Junte o açúcar aos poucos sem parar de bater, até que as claras fiquem firmes e brilhantes. Adicione lentamente o chocolate derretido, já frio, e o chantili.

2 Divida a musse entre quatro taças e deixe gelar por 30 minutos antes de servir.

Morango romanoff com chocolate branco

PREPARO 40 minutos, mais o tempo de refrigeração RENDIMENTO 4 porções

300 g de morango limpo e fatiado
2 colheres (sopa) de licor de laranja
2 colheres (sopa) de açúcar de confeiteiro
250 ml de creme de leite
1 colher (sopa) de açúcar
100 g de chocolate branco derretido

1 Misture os morangos, o licor e o açúcar de confeiteiro. Leve à geladeira por 30 minutos para que os sabores se mesclem.
2 Bata o creme de leite e o açúcar em ponto de chantili; em seguida, misture o chocolate derretido, já frio. Bata no liquidificador metade da mistura de morango até obter um purê. Com uma colher, envolva os morangos restantes no creme de chocolate.
3 Distribua o purê de morango e os morangos cobertos com chocolate em quatro taças.

Figo assado com calda de chocolate

PREPARO 10 minutos COZIMENTO 15-20 minutos RENDIMENTO 4 porções

- 75 g de manteiga, mais um pouco para untar
- 8 figos grandes
- 2 colheres (sopa) de açúcar
- 250 ml de creme de leite batido em ponto de chantili
- 1 receita de Calda rica de chocolate (p.188)

1 Preaqueça o forno a 180°C e unte uma fôrma.

2 Faça dois cortes perpendiculares no alto de cada figo, tomando cuidado para mantê-los inteiros. Divida a manteiga em oito partes e coloque uma em cada figo. Distribua os figos na fôrma e polvilhe o açúcar por cima.

3 Leve ao forno por 15-20 minutos, ou até que os figos fiquem macios, mas não percam a forma.

4 Deixe esfriar por 10 minutos, desenforme e distribua entre quatro taças. Cubra com uma colherada de chantili, regue com a calda e sirva.

Divino chocolate

De
cheesecakes a
mil-folhas, profiteroles,
merengues e musses, estas
receitas foram elaboradas para
celebrar as grandes ocasiões ou
simplesmente surpreender os
apaixonados por chocolate.
Para facilitar, a maioria pode
ser preparada com
antecedência.

Cheesecake de café marmorizado

PREPARO 25 minutos, mais o tempo de refrigeração COZIMENTO 40-45 minutos
RENDIMENTO 1 torta de 23 cm de diâmetro

manteiga, para untar
1 receita de Base para cheesecake com chocolate (p. 13)
300 g de cream cheese em temperatura ambiente
200 g de ricota
200 g de açúcar
3 colheres (chá) de maisena
3 ovos levemente batidos
2 colheres (chá) de essência de baunilha
500 ml de creme de leite fresco
250 ml de creme de leite
2 colheres (chá) de café instantâneo granulado
2 colheres (sopa) de licor de café
100 g de chocolate amargo derretido

1 Preaqueça o forno a 170°C. Unte uma fôrma de 23 cm de diâmetro com aro removível e forre-a com a base para cheesecake.

2 Bata o cream cheese, a ricota e o açúcar. Junte a maisena, os ovos e a essência de baunilha e bata até incorporá-los, misturando então o creme de leite fresco e o creme de leite. Divida esse creme em duas porções iguais. Adicione o café, o licor e o chocolate derretido, já frio, a uma porção apenas, deixando a outra clara.

3 Despeje as duas misturas sobre a base ao mesmo tempo. Com um garfo, desenhe ondas no creme para criar o efeito marmorizado.

4 Leve ao forno e asse por 40-45 minutos, ou até que a torta esteja firme nas bordas mas levemente mole no centro. Retire do forno e deixe esfriar na assadeira.

5 Leve à geladeira por 2 horas e desenforme.

Minitorta de chocolate branco

PREPARO 30 minutos, mais o tempo de refrigeração COZIMENTO 20-25 minutos
RENDIMENTO 4 unidades

manteiga, para untar
½ receita de Base para cheesecake com chocolate (p. 13)
200 g de cream cheese em temperatura ambiente
5 colheres (sopa) de açúcar
1 ovo levemente batido
125 g de chocolate branco derretido
100 ml de creme de leite

1 Preaqueça o forno a 180°C. Unte seis forminhas de muffin e forre-as com uma tira de papel-manteiga, deixando uma margem nas laterais. Distribua a base para cheesecake por igual entre as forminhas.

2 Bata o cream cheese e o açúcar até obter uma mistura clara e fofa. Acrescente o ovo levemente batido, o chocolate derretido, já frio, e o creme de leite. Misture e divida o creme entre as forminhas.

3 Leve ao forno numa assadeira por 20-25 minutos, ou até que as tortas fiquem um pouco firmes e comecem a dourar. Retire do forno e deixe esfriar na assadeira por 15 minutos.

4 Tire as tortinhas das forminhas e coloque num prato. Leve à geladeira por 1 hora antes de servir.

Cheesecake de chocolate branco com framboesa

PREPARO 25 minutos, mais o tempo de refrigeração COZIMENTO 45-50 minutos
RENDIMENTO 1 torta de 23 cm de diâmetro

manteiga, para untar
1 receita de Base para cheesecake com chocolate (p. 13)
500 g de cream cheese em temperatura ambiente
200 g de açúcar
2 colheres (sopa) de farinha de trigo
4 ovos levemente batidos
250 g de chocolate branco derretido
2 colheres (chá) de essência de baunilha
125 ml de creme de leite
125 g de polpa de framboesa

1 Preaqueça o forno a 180°C. Unte uma fôrma de 23 cm de diâmetro com aro removível e forre-a com a base para cheesecake.

2 Bata o cream cheese e o açúcar até obter uma mistura clara e cremosa. Junte a farinha de trigo, os ovos, o chocolate derretido, já frio, e a essência de baunilha e bata até incorporar. Misture o creme de leite. Espalhe a polpa de framboesa delicadamente, com movimentos ondulares, mas não misture demais.

3 Espalhe o creme sobre a base e leve ao forno por 45-50 minutos, ou até que a torta esteja firme nas bordas, mas levemente mole no centro. Retire do forno e deixe esfriar na fôrma.

4 Leve à geladeira por 2 horas e desenforme.

Torta de chocolate branco com limão

PREPARO 15 minutos, mais o tempo de refrigeração COZIMENTO 5 minutos
RENDIMENTO 1 torta de 23 cm de diâmetro

- 200 ml de creme de leite
- 300 g de chocolate branco em pedaços
- raspas de 2 limões, mais 1 cortado em rodelas finas
- 1 receita de Base para cheesecake com chocolate (p. 13)

1 Aqueça o creme de leite e o chocolate em fogo baixo até que o chocolate comece a derreter. Retire do fogo e mexa bem. Adicione as raspas de limão, misture e deixe esfriar por 10 minutos.

2 Despeje sobre a base para cheesecake e leve à geladeira por 2 horas ou até endurecer. Antes de servir, decore com as rodelas de limão.

Profiterole com creme de café e calda de chocolate

PREPARO 40 minutos COZIMENTO 20-25 minutos RENDIMENTO 12 unidades

- 1 receita de Massa de carolina (p. 14)
- 250 ml de creme de leite
- 2 colheres (chá) de café instantâneo granulado
- 1 colher (sopa) de licor de café
- 2 colheres (sopa) de açúcar
- 1 receita de Calda rica de chocolate (p. 188)

1 Preaqueça o forno a 220°C. Forre uma assadeira grande com papel-manteiga. Coloque doze colheradas de massa de carolina na assadeira e borrife levemente com água.

2 Leve ao forno por 20-25 minutos, ou até que os profiteroles estejam bem dourados. Espete um palito no centro da massa. É importante que ele saia seco.

3 Retire os profiteroles do forno e transfira para uma grade de metal. Faça um pequeno orifício em cada um para que o vapor possa sair. Deixe esfriar e divida-os ao meio longitudinalmente. Se houver restado massa úmida, retire-a.

4 Para o recheio, bata o creme de leite, o café, o licor e o açúcar até atingir o ponto de chantili. Recheie os profiteroles, distribua-os em taças ou pratos de sobremesa, regue com a calda de chocolate e sirva.

Mil-folhas de morango com chocolate

PREPARO 45 minutos, mais o tempo de resfriamento COZIMENTO 15-20 minutos
RENDIMENTO 4 porções

375 g de massa folhada pronta
2 colheres (sopa) de leite
4 colheres (chá) de açúcar
250 ml de creme de leite
150 g de morango limpo e cortado em fatias finas
100 g de chocolate amargo ou ao leite derretido
açúcar de confeiteiro peneirado, para polvilhar

1 Preaqueça o forno a 190°C. Abra a massa sobre uma superfície levemente enfarinhada numa espessura de 1 cm. Corte em oito retângulos, cada um com cerca de 10 cm x 7 cm. Coloque-os numa assadeira grande e pincele levemente a superfície de cada um com leite. Com um garfo, espete a massa em cinco ou seis lugares e salpique com açúcar.

2 Leve ao forno por 15-20 minutos, ou até que a massa esteja crescida e bem dourada. Retire do forno e deixe esfriar na assadeira.

3 Bata o creme de leite em ponto de chantili e reserve. Coloque cada retângulo em um prato e espalhe por cima uma colherada do chantili. Cubra com um oitavo dos morangos e espalhe um oitavo do chocolate derretido, já frio. Repita as camadas de massa, creme, morangos e chocolate, polvilhe o açúcar de confeiteiro por cima e sirva imediatamente.

Bavaroise de chocolate com avelã

PREPARO 25 minutos, mais o tempo de resfriamento e refrigeração
COZIMENTO 5 minutos   RENDIMENTO 4 porções

200 ml de leite
2 colheres (sopa) de pasta de chocolate com avelã
2 colheres (sopa) de licor de avelã
100 g de chocolate amargo ou ao leite em pedaços
3 folhas de gelatina
4 gemas
3 colheres (sopa) e 1 colher (chá) de açúcar
250 ml de creme de leite
espirais de chocolate, para decorar (opcional)

1 Aqueça o leite, a pasta de chocolate com avelã, o licor e o chocolate em fogo baixo até que o chocolate comece a derreter, mexendo sem parar. Retire do fogo, misture até ficar homogêneo e deixe esfriar.

2 Hidrate as folhas de gelatina em água fria por 5-10 minutos, escorra a água e misture ao chocolate, até que dissolvam. Bata as gemas e o açúcar, juntando aos poucos o creme de chocolate já frio. Espere cerca de 1h30, ou até que comece a engrossar.

3 Bata o creme de leite em ponto de chantili, adicione ao creme de chocolate e misture com cuidado. Transfira para uma fôrma de pudim de 500 ml e leve à geladeira por 3 horas. Antes de servir, espalhe as espirais de chocolate.

Panna cotta com chocolate branco

PREPARO 15 minutos, mais o tempo de resfriamento e refrigeração

COZIMENTO 5 minutos RENDIMENTO 4 porções

3 folhas de gelatina
250 ml de creme de leite
125 ml de leite
100 g de chocolate branco em pedaços
2 colheres (sopa) de açúcar
1 colher (chá) de essência de baunilha
125 g de framboesa
2 colheres (sopa) de açúcar de confeiteiro peneirado

1 Hidrate as folhas de gelatina em água fria por 5-10 minutos.

2 Aqueça o creme de leite, o leite, o chocolate, o açúcar e a essência de baunilha em fogo baixo até que o chocolate comece a derreter. Retire do fogo e mexa até ficar homogêneo. Escorra a água da gelatina e junte as folhas ao creme. Mexa até dissolver.

3 Divida o creme entre quatro forminhas de 125 ml, deixe esfriar por cerca de 30 minutos e leve à geladeira por 3 horas.

4 Use o modo pulsar do liquidificador para triturar as framboesas com o açúcar de confeiteiro até obter uma calda ou coulis. Mergulhe as fôrmas em água quente e passe uma faca em torno das laterais internas para soltar o manjar. Vire-as em quatro pratos e sirva com o coulis.

Musse de chocolate branco com amora

PREPARO 20 minutos, mais o tempo de refrigeração COZIMENTO 5 minutos
RENDIMENTO 4 porções

200 g de amora, mais um pouco para servir (opcional)
150 ml de leite
200 g de chocolate branco em pedaços
1 colher (chá) de essência de baunilha
2 folhas de gelatina
200 ml de creme de leite
espirais de chocolate, para decorar

1 Distribua as frutas igualmente em quatro tacinhas. Aqueça o leite, o chocolate branco e a essência de baunilha em fogo baixo até que o chocolate comece a derreter, mexendo com frequência.
2 Hidrate a gelatina em água fria, escorra a água e junte as folhas ao creme de chocolate. Deixe esfriar até começar a engrossar. Bata o creme de leite em ponto de chantili e incorpore-o ao chocolate.
3 Divida a musse entre as taças com amoras e leve à geladeira por 3 horas. Decore com as espirais de chocolate ou com as frutas reservadas.

Pavê de cereja

PREPARO 30 minutos, mais o tempo de refrigeração RENDIMENTO 4-6 porções

- 200 g de pão de ló ou de bolo simples em fatias
- 4 colheres (sopa) de licor de cereja
- 400 g de cereja em lata, escorrida, reservando-se o xarope
- 1 receita de Creme espesso de chocolate (p. 13)
- 250 ml de creme de leite
- 2 colheres (sopa) de açúcar
- 100 g de chocolate amargo derretido
- 6 cerejas maduras

1 Forre uma travessa com o pão de ló ou o bolo fatiado e regue com o licor de cereja. Espalhe as cerejas e 4 colheres (sopa) do xarope reservado e cubra com o Creme espesso de chocolate.

2 Bata o creme de leite e o açúcar até engrossar, mas não em excesso, e espalhe por cima do creme na travessa. Em seguida, despeje metade do chocolate derretido, já frio; alise a superfície com uma espátula e leve à geladeira por 2 horas.

3 Enquanto isso, mergulhe as cerejas até a metade no chocolate derretido restante, deixe-as solidificar sobre papel-manteiga e, em seguida, use-as para decorar o pavê.

Tiramisù de chocolate amargo

PREPARO 20 minutos, mais o tempo de refrigeração RENDIMENTO 4-6 porções

- 2 ovos separados, mais 3 gemas
- 100 g de açúcar
- 250 g de mascarpone em temperatura ambiente
- 100 g de chocolate amargo derretido e 4 colheres (sopa) de chocolate ralado
- 350 ml de café forte
- 4 colheres (sopa) de marsala
- 20 biscoitos diplomata (ou champanhe)
- 2 colheres (sopa) de cacau em pó peneirado

1 Bata todas as gemas e o açúcar até que a mistura fique clara e cremosa; em seguida, incorpore o mascarpone e o chocolate derretido, já frio. Bata as claras até ficarem firmes, mas não secas, e adicione-as ao creme de mascarpone.

2 Numa tigela, misture o café e o marsala e umedeça os biscoitos.

3 Use dez dos biscoitos umedecidos para forrar uma travessa de cerca de 28 cm x 18 cm x 6 cm. Cubra com metade do creme de mascarpone, faça outra camada de biscoitos e complete com o mascarpone restante. Polvilhe o tiramisù com o cacau em pó e salpique o chocolate ralado por cima. Deixe gelar por 2 horas antes de servir.

Rocambole de maracujá com chocolate branco e suspiro

PREPARO 25 minutos, mais o tempo de resfriamento COZIMENTO 15-18 minutos
RENDIMENTO 4-6 porções

manteiga derretida, para untar
4 claras
1 pitada de sal
250 g mais 4 colheres (chá) de açúcar
250 ml de creme de leite batido em ponto de chantili
150 g de chocolate branco derretido
300 g de morango limpo e fatiado
4 maracujás
açúcar de confeiteiro peneirado, para polvilhar

1 Preaqueça o forno a 170°C. Forre uma assadeira de 33 cm x 23 cm com papel-manteiga, deixando uma sobra para cima das bordas, e unte com a manteiga derretida.
2 Bata as claras em neve com o sal, junte aos poucos o açúcar e continue batendo até que fiquem firmes. Com uma espátula, espalhe sobre a assadeira forrada.
3 Leve ao forno quente por 15-18 minutos, ou até que a superfície fique dourada. Retire do forno e deixe esfriar na assadeira.
4 Vire o rocambole sobre um pedaço grande de papel-manteiga e tire o papel do forro. Numa tigela grande, misture o chantili e o chocolate derretido, já frio. Cubra o rocambole com esse creme e espalhe os morangos. Com uma faca afiada, retire a polpa do maracujá e cubra os morangos com ela.
5 Com a ajuda de um pedaço de papel-manteiga, tomando o cuidado para não deixá-lo preso dentro do rocambole, enrole-o aos poucos. Transfira cuidadosamente para uma travessa. Antes de servir, polvilhe o rocambole com o açúcar de confeiteiro.

Merengue de chocolate com amora-preta

PREPARO 15 minutos, mais o tempo de resfriamento COZIMENTO 40 minutos
RENDIMENTO 8-10 unidades

3 claras
150 g de açúcar
50 g de chocolate amargo ralado, mais 50 g derretido
1 receita de Creme de chocolate com chantili (p. 194)
185 g de amora-preta
açúcar de confeiteiro peneirado, para polvilhar

1 Preaqueça o forno a 140°C. Forre duas assadeiras com papel-manteiga.
2 Bata as claras em neve, bem firmes; junte aos poucos o açúcar até que ele se dissolva totalmente. Com cuidado, misture o chocolate ralado.
3 Coloque 16-20 colheradas bem cheias da mistura nas assadeiras forradas e leve ao forno médio por 40 minutos. Em seguida, desligue o forno, mas deixe os merengues esfriarem lá dentro.
4 Quando estiverem frios, monte-os dois a dois, recheando com o Creme de chocolate com chantili. Distribua em quatro pratos e regue com o chocolate derretido frio. Sirva com as amoras, polvilhadas com o açúcar de confeiteiro.

Merengue de café irlandês com chocolate

PREPARO 30 minutos, mais o tempo de resfriamento e refrigeração COZIMENTO 60 minutos
RENDIMENTO 1 merengue de 23 cm de diâmetro

6 claras
300 g de açúcar
1 colher (sopa) de café instantâneo granulado
1 colher (sopa) de cacau em pó
375 ml de creme de leite
2 colheres (sopa) de licor de café
100 g de chocolate amargo derretido

1 Preaqueça o forno a 100°C. Forre duas assadeiras com papel-manteiga e desenhe a lápis dois círculos de 23 cm de diâmetro no papel.

2 Bata as claras em neve, bem firmes; junte aos poucos o açúcar até que ele se dissolva. Adicione o café e o cacau e misture. Divida essa mistura entre as assadeiras forradas, espalhando com uma espátula sobre os círculos no papel-manteiga.

3 Leve ao forno médio por 60 minutos, ou até que o merengue fique tostado, mas não queimado. Retire do forno e deixe esfriar completamente nas assadeiras.

4 Bata o creme de leite com o licor em ponto de chantili. Para montar o merengue, coloque uma rodela numa travessa de servir, espalhe metade do chantili com licor e regue com metade do chocolate derretido, já frio. Repita o processo com o segundo merengue, usando o restante do chantili e do chocolate; junte as duas partes e deixe gelar por 2 horas antes de servir.

Suflê de chocolate gelado com framboesa

PREPARO 30 minutos, mais o tempo de refrigeração COZIMENTO 5 minutos
RENDIMENTO 4 porções

- 250 ml de leite
- 75 g de chocolate amargo em pedaços
- 3 gemas
- 4 colheres (sopa) de açúcar
- 3 folhas de gelatina
- 125 ml de framboesa
- 200 ml de creme de leite batido em ponto de chantili

1 Prepare quatro fôrmas de suflê de 150 ml do seguinte modo: envolva cada uma com uma tira metálica de 5 cm de largura, prendendo-a com barbante. A tira deve ficar 2 cm acima da borda da fôrma. Isso deve formar um colarinho nos suflês, deixando-os mais elegantes.

2 Aqueça o leite e o chocolate em fogo baixo até que o chocolate comece a derreter. Retire do fogo e misture bem. Bata as gemas e o açúcar e incorpore ao creme de chocolate já morno. Leve novamente ao fogo, mexendo sem parar até que engrosse, sem deixar ferver.

3 Enquanto isso, hidrate as folhas de gelatina em água fria por 5-10 minutos, escorra a água e acrescente as folhas ao creme morno. Mexa até dissolvê-las. Transfira para uma tigela e deixe esfriar.

4 Amasse as framboesas até formar um purê e incorpore-as lentamente ao creme já frio. Acrescente o chantili, misture e distribua entre as fôrmas preparadas. Leve à geladeira por 2 horas e, antes de servir, retire as tiras metálicas.

Suflê de chocolate quente

PREPARO 25 minutos COZIMENTO 20-25 minutos RENDIMENTO 4 porções

manteiga derretida, para untar
80 g de açúcar, mais um pouco para forrar
2 colheres (sopa) de maisena
250 ml de leite
100 g de chocolate amargo em pedaços
3 ovos separados, mais 2 claras
açúcar de confeiteiro peneirado, para polvilhar

1 Preaqueça o forno a 190°C. Unte quatro ramequins de 200 ml e forre-os levemente com açúcar.
2 Numa tigelinha, misture a maisena com 2 colheres (sopa) de leite até formar uma pasta. Aqueça o leite restante com o chocolate e 3 colheres (sopa) mais 1 colher (chá) do açúcar em fogo baixo. Quando o chocolate derreter, misture a pasta de maisena com um batedor manual. Continue a bater até que a mistura ferva e engrosse; em seguida, diminua o fogo e cozinhe por mais 1 minuto. Retire do fogo e deixe esfriar um pouco; em seguida, bata com as gemas e espere esfriar completamente.
3 Enquanto isso, bata as claras em neve, junte o açúcar restante e continue a misturar, até que fiquem firmes, mas não secas. Delicadamente, incorpore as claras batidas ao creme de chocolate e distribua entre os ramequins preparados.
4 Leve ao forno por 15-18 minutos, ou até que os suflês estejam bem crescidos. Retire do forno, polvilhe com o açúcar de confeiteiro e sirva imediatamente.

Rocambole de chocolate com frutas e creme de chocolate branco

PREPARO 25 minutos   COZIMENTO 18-20 minutos   RENDIMENTO 4-6 porções

manteiga, para untar
175 g de açúcar
6 ovos separados
175 g de chocolate amargo derretido e resfriado
2 colheres (sopa) de cacau em pó
250 ml de creme de leite batido em ponto de chantili
100 g de chocolate branco derretido e resfriado
185 g de frutas vermelhas
açúcar de confeiteiro peneirado, para polvilhar

1 Preaqueça o forno a 180°C. Unte uma assadeira de 33 cm x 23 cm e forre o fundo e as laterais com papel-manteiga.

2 Bata o açúcar e as gemas até ficar cremoso e incorpore o chocolate amargo e o cacau em pó. Bata as claras até que fiquem firmes, mas não secas, e junte-as delicadamente ao creme de chocolate. Despeje na assadeira preparada e espalhe por igual usando uma espátula.

3 Leve ao forno por 18-20 minutos, ou até que a massa fique firme. Retire do forno e deixe esfriar completamente na assadeira. Desenforme sobre um pano de prato limpo e retire o papel-manteiga.

4 Misture lentamente o chantili e o chocolate branco derretido e espalhe por igual sobre o rocambole. Cubra com as frutas vermelhas, fatiando antes os morangos.

5 Com o auxílio do pano de prato, enrole aos poucos o rocambole. Transfira-o cuidadosamente para uma travessa e polvilhe com o açúcar de confeiteiro antes de servir.

Bolo úmido de chocolate

PREPARO 25 minutos COZIMENTO 50-55 minutos
RENDIMENTO 1 bolo de 23 cm de diâmetro

- 250 g de manteiga, mais um pouco para untar
- 250 ml de creme de leite
- 175 g de chocolate amargo em pedaços
- 1 colher (chá) de café instantâneo granulado
- 250 g de açúcar mascavo
- 4 ovos levemente batidos
- 2 colheres (chá) de essência de baunilha
- 200 g e 4 colheres (chá) de farinha de trigo com fermento
- 1 colher (chá) de canela em pó
- 1 colher (chá) de noz-moscada ralada
- 125 g de uva-passa
- 115 g e 2 colheres (sopa) de nozes picadas
- 1 receita de Calda rica de chocolate (p.188)

1 Preaqueça o forno a 170°C. Unte uma fôrma de bolo com aro removível e forre o fundo com papel-manteiga.

2 Aqueça o creme de leite, o chocolate e o café em fogo baixo até que o chocolate comece a derreter. Retire do fogo, mexa bem e deixe esfriar. Bata a manteiga e o açúcar mascavo até ficar cremoso e incorpore os ovos aos poucos. Adicione a essência de baunilha, o creme de chocolate e, aos poucos, a farinha, a canela, a noz-moscada, as passas e as nozes. Misture bem e despeje na fôrma preparada.

3 Leve o bolo ao forno por 45-50 minutos. Espete um palito no centro da massa; se ele sair úmido, o bolo estará assado. Retire do forno e deixe esfriar na fôrma por 10 minutos.

4 Desenforme e sirva com a Calda rica de chocolate.

Bolos, tortas e biscoitos

Não há nada
melhor que o aroma de um
bolo ou de biscoitos recém-
-assados. Brownies, cookies,
muffins, cupcakes, bolos e
tortas de dar água na boca
são as especialidades
deste capítulo.

Torta morna de chocolate com nozes

PREPARO 20 minutos COZIMENTO 40-45 minutos
RENDIMENTO 1 torta de 23 cm de diâmetro

185 g de manteiga derretida, mais um pouco para untar
185 g de açúcar mascavo
1 colher (chá) de essência de baunilha
3 ovos levemente batidos
185 g de amêndoa moída
100 g de nozes torradas e bem picadas
4 colheres (sopa) de farinha de trigo
½ colher (chá) de fermento em pó
4 colheres (sopa) de vinho marsala
1 receita de Ganache de chocolate amargo (p. 196)

1 Preaqueça o forno a 170°C. Unte uma fôrma de bolo de 23 cm de diâmetro com aro removível e forre com papel-manteiga.
2 Bata a manteiga, o açúcar e a essência de baunilha até ficar cremoso. Incorpore os ovos, um por vez. Em outra tigela, misture as amêndoas, as nozes, a farinha de trigo e o fermento e incorpore à base de manteiga com o marsala.
3 Asse por 40-45 minutos, ou até que a torta esteja levemente dourada e firme no centro. Retire a torta do forno e deixe esfriar na fôrma por 10 minutos. Desenforme e espere esfriar por completo.
4 Espalhe a ganache de chocolate e sirva.

Bolo de chocolate sem glúten com frutas cítricas

PREPARO 25 minutos COZIMENTO 45-50 minutos
RENDIMENTO 1 bolo de 23 cm de diâmetro

- 175 g de manteiga derretida e resfriada, mais um pouco para untar
- 6 ovos separados
- 200 g de açúcar
- raspas finas de 1 laranja
- raspas finas de 1 limão
- 125 ml de suco de laranja
- 125 g de amêndoa moída
- 2 colheres (sopa) de cacau em pó
- 250 g de chocolate amargo derretido e resfriado
- açúcar de confeiteiro peneirado, para polvilhar

1 Preaqueça o forno a 180°C. Unte uma fôrma redonda e funda de 23 cm de diâmetro com aro removível e forre-a com papel-manteiga.

2 Bata as gemas, o açúcar, as raspas de laranja e de limão até ficar cremoso e homogêneo. Misture a manteiga derretida e o suco de laranja. Bata as claras em neve, acrescente as amêndoas, o cacau e o chocolate derretido e misture. Incorpore lentamente as claras com chocolate à massa do bolo e, em seguida, despeje na assadeira untada.

3 Leve ao forno por 45-50 minutos, ou até que o bolo esteja firme nas bordas, mas levemente macio no centro. Retire do forno, deixe esfriar e desenforme. Antes de servir, polvilhe com o açúcar de confeiteiro.

Bolo fácil com fudge

PREPARO 15 minutos COZIMENTO 25-30 minutos
RENDIMENTO 1 bolo de 23 cm de diâmetro

75 g de manteiga derretida, mais um pouco para untar
200 g de açúcar mascavo
2 ovos levemente batidos
1 colher (chá) de essência de baunilha
140 g de farinha de trigo com fermento
2 colheres (sopa) de cacau em pó
1 receita de Cobertura cremosa de chocolate (p. 202)

1 Preaqueça o forno a 180°C. Unte uma fôrma de bolo de 23 cm de diâmetro com aro removível e forre-a com papel-manteiga.
2 Bata a manteiga e o açúcar, adicione os ovos e a essência de baunilha. Continue batendo até ficar homogêneo. Em outra tigela, misture a farinha e o cacau, junte à base de açúcar e ovos e acrescente 125 ml de água quente. Mexa bem, até a massa ficar úmida.
3 Leve ao forno por 25-30 minutos, ou até que, ao espetar um palito no centro da massa, ele saia limpo. Deixe esfriar por 10 minutos e desenforme.
4 Quando o bolo estiver frio, espalhe a cobertura e sirva.

Bolo de chocolate com ricota

PREPARO 20 minutos COZIMENTO 30-35 minutos
RENDIMENTO 1 bolo de 23 cm de diâmetro

150 g de manteiga em temperatura ambiente, mais um pouco para untar
100 g de açúcar
150 g de chocolate amargo derretido e resfriado
3 ovos separados
250 g de ricota
100 g de amêndoa moída
2 colheres (sopa) de farinha de trigo
açúcar de confeiteiro peneirado, para polvilhar

1 Preaqueça o forno a 170°C. Unte uma fôrma de 23 cm de diâmetro com aro removível e forre-a com papel-manteiga.

2 Bata a manteiga e o açúcar até ficar cremoso. Junte o chocolate derretido, as gemas e a ricota e mexa bem. Em seguida, adicione as amêndoas moídas e a farinha. Bata as claras em neve e incorpore-as ao creme.

3 Despeje na fôrma e leve ao forno por 30-35 minutos, ou até que o bolo fique firme apenas nas bordas, mas mole no centro. Deixe esfriar na fôrma por 10-15 minutos, desenforme e transfira para uma travessa. Polvilhe com o açúcar de confeiteiro e sirva morno.

Pão de ló de chocolate

PREPARO 15 minutos COZIMENTO 45-50 minutos
RENDIMENTO 1 bolo de 21 cm de diâmetro

6 ovos separados
250 ml de óleo de girassol
150 g de chocolate em pó
280 g de farinha de trigo com fermento
1½ xícara (chá) e 4 colheres (sopa) de açúcar
açúcar de confeiteiro peneirado, para polvilhar

1 Preaqueça o forno a 150°C. Coloque uma fôrma para bolo de 21 cm de diâmetro com furo e aro removível, sem untar, sobre uma assadeira.

2 Bata na batedeira as gemas, o óleo, o chocolate em pó, a farinha de trigo, o açúcar e 250 ml de água até ficar homogêneo. Em seguida, bata na velocidade mais alta por 10 minutos. Em outra tigela, bata as claras em neve. Incorpore-as delicadamente à mistura de chocolate com a colher.

3 Leve ao forno por 45-50 minutos. Retire do forno e vire o bolo, mas deixe na assadeira até esfriar.

4 Depois de frio, solte o bolo da fôrma com a ajuda de uma faca. Antes de servir, polvilhe com o açúcar de confeiteiro.

Bolo de chocolate com pera

PREPARO 20 minutos COZIMENTO 30-35 minutos
RENDIMENTO 1 bolo de 23 cm de diâmetro

- 200 g de manteiga em temperatura ambiente, mais um pouco para untar
- 200 g de chocolate amargo em pedaços
- 150 g de açúcar
- 3 ovos levemente batidos
- 1 colher (chá) de essência de baunilha
- 100 g e 1 colher (sopa) de farinha de trigo com fermento
- 3 colheres (sopa) de açúcar mascavo
- 3 peras maduras mas firmes, descascadas, sem sementes e fatiadas em quartos

1 Preaqueça o forno a 180°C. Unte uma fôrma de bolo de 23 cm de diâmetro com aro removível e forre-a com papel-manteiga.

2 Aqueça a manteiga, o chocolate e o açúcar em fogo baixo até que derretam. Retire do fogo e deixe esfriar. Em seguida, adicione os ovos, a essência de baunilha e a farinha. Mexa bem até incorporá-los. Polvilhe a assadeira com o açúcar mascavo, disponha os quartos de pera formando uma espiral e despeje a massa de chocolate.

3 Leve ao forno por 25-30 minutos, ou até que, ao espetar um palito no centro da massa, ele saia levemente úmido. Deixe o bolo esfriar na fôrma por 15 minutos, desenforme e sirva frio.

Bolo de chocolate branco com vinho sauternes

PREPARO 20 minutos COZIMENTO 30-35 minutos

RENDIMENTO 1 bolo de 23 cm de diâmetro

175 g de manteiga em temperatura ambiente, mais um pouco para untar
225 g de açúcar
3 ovos levemente batidos
125 g de farinha de trigo
100 g de farinha com fermento
125 ml de leite
100 ml de vinho sauternes
200 g de chocolate branco derretido e resfriado
1 receita de Glacê de chocolate branco (p. 201)

1 Preaqueça o forno a 180°C. Unte uma fôrma de bolo de 23 cm de diâmetro com aro removível e forre-a com papel-manteiga.
2 Bata a manteiga e o açúcar até que fique cremoso e acrescente os ovos aos poucos. Numa tigela, misture as farinhas e acrescente ao creme de manteiga e açúcar; em seguida, adicione o leite, metade do vinho e o chocolate derretido. Mexa bem e despeje na fôrma.
3 Leve ao forno por 30-35 minutos, ou até que, ao espetar um palito no centro da massa, ele saia limpo. Deixe esfriar por 10 minutos e vire a fôrma numa travessa. Quando estiver frio, desenforme. Com um palito, espete a superfície do bolo em vários pontos e regue com o vinho restante. Em seguida, espalhe o Glacê de chocolate branco e sirva.

Rocambole de creme de chocolate com morango

PREPARO 35 minutos COZIMENTO 10-12 minutos
RENDIMENTO 4-6 porções

- manteiga, para untar
- 4 ovos separados
- 200 g de açúcar, mais 2 colheres (sopa) para salpicar
- 75 g de chocolate amargo ou ao leite ralado
- 75 g e 1 colher (sopa) de farinha de trigo com fermento
- 1 receita de Creme de chocolate com chantili (p. 194)
- 150 g de morango limpo e fatiado

1 Preaqueça o forno a 180°C. Unte uma assadeira de 33 cm x 23 cm e forre o fundo e as laterais com papel-manteiga.

2 Bata as gemas e metade do açúcar até ficar cremoso. Misture 2 colheres (sopa) de água, o chocolate ralado e a farinha de trigo e acrescente à mistura de gemas. Em outra tigela, bata as claras em neve, juntando o açúcar restante aos poucos, até que fiquem firmes. Incorpore-as lentamente ao creme de chocolate e despeje a massa na assadeira, espalhando uniformemente com uma espátula.

3 Leve ao forno por 10-12 minutos, ou até que a massa fique firme. Estenda um folha grande de papel-manteiga sobre uma superfície lisa, salpique com açúcar e desenforme a massa. Com a ajuda do papel-manteiga, vá enrolando o rocambole. Deixe esfriar.

4 Quando estiver frio, desenrole o rocambole e, cuidadosamente, espalhe o Creme de chocolate com chantili. Cubra com os morangos e enrole novamente. Transfira para uma travessa e leve à geladeira até que esteja pronto para servir.

Bolo mármore de chocolate e amêndoa

PREPARO 20 minutos COZIMENTO 18-20 minutos
RENDIMENTO 1 bolo de 23 cm x 23 cm

- 170 g de manteiga em temperatura ambiente, mais um pouco para untar
- 170 g de açúcar
- 1 ovo levemente batido
- 1 colher (chá) de essência de baunilha
- 100 g de amêndoa moída
- 100 g de farinha de trigo com fermento
- 60 ml de leite
- 150 g de chocolate ao leite derretido e resfriado
- 1 receita de Ganache de chocolate amargo (p. 196)

1 Preaqueça o forno a 180°C. Unte uma assadeira quadrada de 23 cm e forre com papel-manteiga.

2 Bata a manteiga e o açúcar até ficar cremoso. Em seguida, adicione o ovo aos poucos e acrescente a essência de baunilha. Mexa bem. Misture as amêndoas e a farinha de trigo e junte ao creme, incorporando em seguida o leite. Coloque metade da massa na assadeira. Misture lentamente o chocolate derretido na massa restante e despeje na assadeira. Arraste um garfo pela massa de modo a criar o efeito marmorizado.

3 Leve ao forno por 18-20 minutos, ou até que o bolo fique firme. Deixe esfriar por 10 minutos e vire a fôrma numa travessa. Quando estiver frio, desenforme.

4 Espalhe a ganache de chocolate e sirva.

Bolo inglês de laranja com lascas de chocolate

PREPARO 20 minutos COZIMENTO 40-45 minutos

RENDIMENTO 1 bolo de 24 cm x 12 cm

- 175 g de manteiga em temperatura ambiente, mais um pouco para untar
- 175 g de açúcar
- 2 ovos levemente batidos
- 175 g de farinha de trigo com fermento
- 100 g de lascas de chocolate amargo ou ao leite
- raspas e suco de 1 laranja
- 1 colher (sopa) de leite
- 1 receita de Creme de manteiga com chocolate (p. 194)

1 Preaqueça o forno a 180°C. Unte uma fôrma de bolo inglês de 24 cm x 12 cm e forre-a com papel-manteiga.

2 Bata a manteiga e o açúcar até ficar cremoso e acrescente os ovos aos poucos. Em seguida, adicione a farinha de trigo, as lascas de chocolate, as raspas de laranja e o leite e misture delicadamente, até incorporar os ingredientes.

3 Despeje na fôrma e leve ao forno por 40-45 minutos, ou até que, ao espetar um palito no centro da massa, ele saia levemente úmido.

4 Retire do forno e, com um palito, espete a superfície do bolo em três ou quatro pontos. Pincele o suco de laranja e deixe esfriar por 10 minutos. Desenforme e cubra com o Creme de manteiga com chocolate.

Bolo inglês de chocolate com banana

PREPARO 20 minutos   COZIMENTO 50-55 minutos

RENDIMENTO 1 bolo de 24 cm x 12 cm

- 125 g de manteiga em temperatura ambiente, mais um pouco para untar e servir
- 125 g de açúcar mascavo
- 2 ovos levemente batidos
- 150 g de chocolate amargo derretido e resfriado
- 3 bananas maduras amassadas
- 1 colher (chá) de essência de baunilha
- 200 g de farinha de trigo com fermento

1 Preaqueça o forno a 180°C. Unte uma fôrma de bolo inglês de 24 cm x 12 cm e forre-a com papel-manteiga.

2 Bata a manteiga e o açúcar até ficar cremoso. Junte os ovos, mexendo bem e, em seguida, incorpore o chocolate derretido, as bananas, a essência de baunilha e a farinha.

3 Despeje na fôrma e leve ao forno por 50-55 minutos, ou até que, ao espetar um palito na massa, ele saia levemente úmido. Deixe esfriar na fôrma por 10 minutos, desenforme e sirva com manteiga para espalhar por cima.

Bolo inglês de chocolate com pera e pistache

PREPARO 30 minutos COZIMENTO 55-60 minutos
RENDIMENTO 1 bolo de 24 cm x 12 cm

- 150 g de manteiga em temperatura ambiente, mais um pouco para untar
- 150 g de açúcar
- 3 ovos levemente batidos
- 1 colher (chá) de essência de baunilha
- 200 g de chocolate amargo bem picado
- 1 pera descascada sem sementes e cortada em cubinhos
- 60 g de pistache
- 150 g e 2 colheres (sopa) de farinha com fermento

1 Preaqueça o forno a 180°C. Unte uma fôrma de bolo inglês de 24 cm x 12 cm.

2 Bata a manteiga e o açúcar até ficar cremoso. Junte os ovos, um a um, batendo bem a cada adição, e acrescente a essência de baunilha. Em seguida, incorpore o chocolate, a pera, os pistaches e a farinha.

3 Despeje na fôrma untada e leve ao forno por 55-60 minutos, ou até que, ao espetar um palito no centro da massa, ele saia limpo. Retire o bolo do forno, deixe esfriar por 10 minutos e desenforme.

Bolo de chocolate com gengibre

PREPARO 25 minutos COZIMENTO 35-40 minutos
RENDIMENTO 1 bolo de 23 cm x 23 cm

150 g de manteiga em temperatura ambiente, mais um pouco para untar
150 g de açúcar mascavo
2 ovos levemente batidos
2 colheres (sopa) de gengibre picado
1 colher (sopa) de mel
100 g de chocolate amargo derretido e resfriado
150 g de farinha de trigo com fermento
2 colheres (sopa) de gengibre em pó
1 colher (sopa) de rum
1 receita de Glacê de chocolate ao rum (p. 199)

1 Preaqueça o forno a 180°C. Unte uma assadeira quadrada de 23 cm e forre-a com papel-manteiga.
2 Bata a manteiga e o açúcar até ficar cremoso e junte os ovos aos poucos. Mexa bem até dissolver e incorpore o gengibre picado, o mel e o chocolate derretido. Peneire a farinha e o gengibre em pó juntos e envolva-os aos poucos na massa; em seguida, junte o rum e despeje na assadeira.
3 Leve ao forno por 35-40 minutos, ou até que o bolo fique firme no centro. Deixe esfriar por 10 minutos e desenforme.
4 Quando o bolo estiver frio, espalhe o Glacê de chocolate ao rum e sirva.

Madeleine de chocolate

PREPARO 15 minutos COZIMENTO 15-17 minutos
RENDIMENTO 12-14 unidades

100 g de manteiga picada, mais um pouco para untar
75 g de chocolate amargo em pedaços
75 g de farinha de trigo
½ colher (chá) de fermento
1 pitada de sal
2 ovos
100 g de açúcar
açúcar de confeiteiro peneirado, para polvilhar

1 Preaqueça o forno a 180°C. Unte com manteiga uma assadeira para doze madeleines.
2 Aqueça a manteiga e o chocolate em fogo baixo até que o chocolate comece a derreter. Retire do fogo e deixe esfriar. Numa tigela, peneire a farinha e o fermento e junte o sal. Em outra tigela, bata os ovos e o açúcar até ficar cremoso e misture ao creme de chocolate. Delicadamente, incorpore a farinha e o fermento peneirados e divida a massa entre as cavidades da assadeira, tomando cuidado para não encher demais.
3 Leve ao forno por 10-12 minutos, ou até que as madeleines estejam firmes. Deixe esfriar por 10 minutos e desenforme. Quando as madeleines estiverem frias, polvilhe com o açúcar de confeiteiro e sirva.

Brownie de chocolate amargo e branco

PREPARO 25 minutos COZIMENTO 20-25 minutos
RENDIMENTO 12 unidades

- 175 g de manteiga picada, mais um pouco para untar
- 2 colheres (sopa) de cacau em pó
- 300 g de açúcar
- 2 ovos levemente batidos
- 1 colher (chá) de essência de baunilha
- 150 g de farinha de trigo
- 60 g de lascas de chocolate branco
- 60 g de lascas de chocolate amargo
- 60 g de nozes picadas grosseiramente

1 Preaqueça o forno a 180°C. Unte uma assadeira quadrada rasa de 23 cm de lado e forre-a com papel-manteiga, deixando uma sobra acima das bordas para facilitar a remoção dos brownies.

2 Aqueça a manteiga com o cacau e o açúcar em fogo baixo até que comecem a derreter. Retire do fogo e deixe esfriar. Depois de frio, junte os ingredientes restantes e mexa bem até incorporá-los.

3 Leve ao forno por 15-20 minutos, ou até que o brownie esteja firme nas bordas, mas levemente macio no centro. Deixe esfriar na assadeira e corte em doze quadrados.

Brownie de chocolate com cappuccino

PREPARO 20 minutos COZIMENTO 20-25 minutos
RENDIMENTO 12 unidades

- 175 g de manteiga picada, mais um pouco para untar
- 2 colheres (sopa) de cacau em pó
- 2 colheres (chá) de café instantâneo granulado
- 250 g de açúcar
- 2 ovos levemente batidos
- 1 colher (chá) de essência de baunilha
- 150 g de farinha de trigo
- 1 receita de Glacê de chocolate branco (p. 201)
- 1 colher (sopa) de cacau em pó peneirado

1 Preaqueça o forno a 180°C. Unte uma assadeira quadrada e rasa de 23 cm e forre-a com papel-manteiga, deixando uma sobra acima das bordas para facilitar a remoção dos brownies.

2 Aqueça a manteiga com o cacau, o café e o açúcar em fogo baixo até começar a derreter, retire do fogo e deixe esfriar. Quando estiver frio, junte os ovos, a essência de baunilha e a farinha e mexa bem até incorporá-los.

3 Leve ao forno por 15-20 minutos, ou até que esteja firme nas bordas, mas úmido no centro. Retire do forno e deixe esfriar na assadeira.

4 Quando estiver frio, espalhe o glacê, salpique com o cacau e corte o brownie em doze quadrados.

Cupcake de chocolate branco com limão e coco

PREPARO 20 minutos COZIMENTO 18-20 minutos
RENDIMENTO 12 unidades

- 150 g e 2 colheres (sopa) de farinha de trigo com fermento
- 3 colheres (sopa) de açúcar
- 50 g de manteiga derretida
- 1 ovo levemente batido
- 100 ml de leite
- 1 colher (chá) de essência de baunilha
- suco e raspas de 1 limão
- 100 g de chocolate branco em pedaços
- 45 g de coco ralado
- 1 receita de Glacê de chocolate branco (p. 201)

1 Preaqueça o forno a 180°C. Coloque forminhas de papel nas cavidades de uma assadeira para doze cupcakes.
2 Misture a farinha de trigo com o açúcar e faça uma cova no centro. Coloque na cova a manteiga, o ovo, o leite, a essência de baunilha, o suco e as raspas de limão e amasse bem até incorporar os ingredientes. Em seguida, misture o chocolate branco e o coco. Depois, com uma colher (sobremesa), divida a massa entre as forminhas.
3 Leve ao forno por 18-20 minutos, ou até que os cupcakes fiquem firmes. Retire do forno e deixe esfriar.
4 Quando estiverem frios, espalhe o Glacê de chocolate branco e sirva.

Cupcake de chocolate

PREPARO 20 minutos COZIMENTO 12-15 minutos
RENDIMENTO 12 unidades

- 125 g de manteiga em temperatura ambiente
- 125 g de açúcar
- 2 ovos levemente batidos
- 125 g de farinha de trigo com fermento
- 3 colheres (sopa) de cacau em pó
- 2 colheres (sopa) de leite
- ½ colher (chá) de essência de baunilha
- 1 receita de Cobertura cremosa de chocolate (p. 202)

1 Preaqueça o forno a 180°C. Coloque forminhas de papel nas cavidades de uma assadeira para doze cupcakes.

2 Bata a manteiga e o açúcar até ficar cremoso, juntando os ovos aos poucos. Peneire juntos a farinha de trigo e o cacau e envolva-os lentamente na mistura; em seguida, adicione o leite e a essência de baunilha.

3 Divida a massa entre as forminhas e leve ao forno por 12-15 minutos, ou até que os cupcakes fiquem firmes. Retire do forno e deixe esfriar.

4 Quando estiverem frios, espalhe a cobertura cremosa de chocolate e sirva.

Blondie

PREPARO 20 minutos COZIMENTO 25-30 minutos
RENDIMENTO 12 unidades

- 100 g de manteiga picada, mais um pouco para untar
- 125 g de chocolate branco em pedaços
- 200 g de açúcar
- 3 ovos levemente batidos
- 1 colher (chá) de essência de baunilha
- 100 g de avelã descascada e picada
- 100 g de lascas de chocolate branco
- 175 g de farinha de trigo

1 Preaqueça o forno a 180°C. Unte uma assadeira quadrada e rasa de 23 cm e forre-a com papel-manteiga.
2 Aqueça a manteiga e o chocolate em fogo baixo até que o chocolate comece a derreter. Retire do fogo e mexa delicadamente. Numa tigela, misture o açúcar e os ovos, incorpore o creme de chocolate, a essência de baunilha, as avelãs, as lascas de chocolate e a farinha.
3 Leve ao forno por 20-25 minutos, ou até que a massa esteja firme nas bordas, mas úmida no centro. Deixe esfriar, desenforme e corte em doze quadrados.

Bolo de chocolate com amêndoa

PREPARO 15 minutos COZIMENTO 20-25 minutos
RENDIMENTO 16 unidades

- 100 g de manteiga em temperatura ambiente, mais um pouco para untar
- 5 colheres (sopa) de açúcar
- 4 ovos separados
- 100 g de chocolate amargo ralado
- 185 g de amêndoa moída
- 4 colheres (sopa) de farinha de trigo
- 1 colher (sopa) de brandy
- 1 receita de Cobertura brilhante de chocolate (p. 202)

1 Preaqueça o forno a 180°C. Unte uma assadeira quadrada e rasa e forre-a com papel-manteiga.

2 Misture a manteiga, o açúcar, as gemas, o chocolate, as amêndoas moídas, a farinha e o brandy. Em outra tigela, bata as claras em neve e incorpore-as lentamente ao creme de chocolate.

3 Leve ao forno por 20-25 minutos, ou até que a massa esteja firme e levemente dourada. Quando estiver fria, desenforme.

4 Espalhe a cobertura, corte em dezesseis unidades e sirva.

Chocolate branco com frutas e amêndoa

PREPARO 20 minutos COZIMENTO 35-40 minutos
RENDIMENTO 16 unidades

- manteiga, para untar
- 100 g de amêndoa laminada
- 200 g de nozes picadas
- 150 g de coco ralado
- 150 g de damasco seco picado
- 150 g de uva-passa
- 2 colheres (sopa) e 1 colher (chá) de farinha de arroz
- 25 g de amêndoa moída
- 150 g de geleia de damasco
- 125 ml de mel
- 250 g de chocolate branco derretido e resfriado

1 Preaqueça o forno a 170°C. Unte uma assadeira rasa de 30 cm x 22 cm e forre-a com papel-manteiga.

2 Numa tigela, misture as amêndoas laminadas, as nozes, o coco, os damascos, as uvas-passas, a farinha de arroz e as amêndoas moídas. Aqueça a geleia e o mel em fogo baixo até derreter e despeje sobre a mistura de frutas. Mexa bem até incorporar todos os ingredientes.

3 Leve ao forno por 30-35 minutos, ou até que a massa esteja levemente dourada. Deixe esfriar e, quando estiver fria, espalhe o chocolate derretido. Espere endurecer, corte em dezesseis quadrados, desenforme e sirva.

Quadradinho de chocolate com açúcar mascavo

PREPARO 20 minutos COZIMENTO 15-20 minutos
RENDIMENTO 18 unidades

350 g de manteiga picada, mais um pouco para untar
3 colheres (sopa) de melado
175 g de açúcar mascavo
100 g de açúcar
5 colheres (sopa) de cacau em pó
350 g de aveia

1 Preaqueça o forno a 150°C. Unte uma assadeira quadrada rasa de 23 cm e forre-a com papel-manteiga.

2 Derreta a manteiga e o melado em fogo baixo. Retire do fogo e reserve. Numa tigela, misture os açúcares, o cacau e a aveia e incorpore à mistura de manteiga. Mexa bem e, em seguida, forre a assadeira com essa massa.

3 Leve ao forno por 15-20 minutos, ou até que fique firme no meio. Deixe esfriar, corte em dezoito pedaços, desenforme e sirva.

Scone de chocolate branco com uva-passa

PREPARO 20 minutos COZIMENTO 15-20 minutos
RENDIMENTO 6 unidades grandes

- 75 g de manteiga congelada e picada, mais um pouco para untar e servir
- 250 g de farinha de trigo com fermento
- 3 colheres de açúcar
- 75 g de lascas de chocolate branco
- 100 g de uva-passa
- 6 colheres (sopa) de leite, mais um pouco para pincelar
- 1 ovo levemente batido

1 Preaqueça o forno a 190°C. Unte uma assadeira grande.

2 Coloque a farinha e o açúcar numa tigela e delicadamente esfregue a manteiga com as pontas dos dedos até deixá-la esfarelada. Misture as lascas de chocolate e as uvas-passas. Em outra tigela, bata o leite e o ovo e junte à mistura de farinha. Trabalhe a massa até ficar macia, usando uma faca arredondada e um movimento de cortar.

3 Vire a massa sobre uma superfície levemente enfarinhada e sove-a até que fique com cerca de 2,5 cm de espessura. Recorte seis círculos e pincele com o leite.

4 Leve ao forno por 15-20 minutos, ou até que os scones fiquem dourado-escuros. Deixe esfriar, desenforme e sirva morno ou frio, com manteiga.

Muffin de chocolate branco com mirtilo

PREPARO 15 minutos COZIMENTO 15-20 minutos
RENDIMENTO 12 unidades

125 g de manteiga derretida, mais um pouco para untar
250 g de farinha de trigo com fermento
100 g de açúcar
125 g de chocolate branco em pedaços
1 ovo levemente batido
125 ml de leite
1 colher (chá) de essência de baunilha
150 g de mirtilo

1 Preaqueça o forno a 190°C. Unte uma assadeira para muffins com doze cavidades.
2 Misture todos os ingredientes e leve ao forno por 15-20 minutos, ou até que os muffins fiquem firmes e dourado-escuros. Deixe por 5-10 minutos, desenforme e sirva frio.

Muffin de chocolate

PREPARO 15 minutos COZIMENTO 20-25 minutos
RENDIMENTO 12 unidades

- 125 g de manteiga derretida, mais um pouco para untar
- 375 g de farinha de trigo com fermento
- 3 colheres (sopa) de cacau em pó
- 175 g de açúcar
- 2 ovos levemente batidos
- 125 g de lascas de chocolate amargo ou ao leite
- 250 ml de leite

1 Preaqueça o forno a 190°C. Unte uma assadeira para muffins com doze cavidades.

2 Misture todos os ingredientes até incorporá-los e leve ao forno por 20-25 minutos, ou até que os muffins fiquem firmes e dourado-escuros. Deixe esfriar por 5-10 minutos, desenforme e sirva frio.

Macaron de chocolate com cereja

PREPARO 10 minutos, mais o tempo de refrigeração COZIMENTO 18-20 minutos
RENDIMENTO 20 unidades

manteiga, para untar
150 g de coco ralado
200 ml de creme de coco (ou leite de coco)
2 colheres (sopa) de cacau em pó
100 g de açúcar de confeiteiro
2 claras grandes
100 g de cereja cristalizada bem picada

1 Preaqueça o forno a 170°C. Forre duas assadeiras grandes com papel-manteiga.
2 Misture todos os ingredientes até que fiquem bem incorporados e leve à geladeira. Deixe gelar por 30 minutos e, em seguida, distribua vinte colheradas bem cheias da massa nas assadeiras, deixando cerca de 5 cm entre as colheradas. (Se você não tiver duas assadeiras grandes, asse os macarons em levas.)
3 Leve ao forno por 18-20 minutos, ou até que os macarons fiquem firmes. Deixe esfriar por 5 minutos e desenforme. Sirva frio.

Biscoito de chocolate

PREPARO 20 minutos COZIMENTO 8-10 minutos
RENDIMENTO 20 unidades

125 g de manteiga em temperatura ambiente, mais um pouco para untar
4 colheres (sopa) de açúcar de confeiteiro, mais um pouco peneirado para polvilhar
125 g de farinha de trigo
3 colheres (sopa) de cacau em pó

1 Preaqueça o forno a 180°C. Unte duas assadeiras grandes.

2 Bata a manteiga e o açúcar até ficar cremoso. Misture a farinha e o cacau e incorpore a essa mistura, que deverá ficar homogênea. Coloque um pouco de farinha nas mãos e enrole a massa em vinte bolas. Coloque dez bolas em cada assadeira, deixando cerca de 5 cm entre elas, e achate a superfície de cada biscoito com um garfo levemente enfarinhado. (Se você não tiver duas assadeiras grandes, asse os biscoitos em levas.)

3 Leve ao forno por 8-10 minutos, ou até que os biscoitos estejam firmes. Deixe esfriar por 5 minutos e desenforme. Quando estiver frio, polvilhe com o açúcar excedente e sirva.

Biscoito de laranja com lascas de chocolate

PREPARO 20 minutos COZIMENTO 10-12 minutos
RENDIMENTO 24 unidades

- 125 g de manteiga em temperatura ambiente, mais um pouco para untar
- 1 colher (chá) de essência de baunilha
- 75 g de açúcar mascavo
- 5 colheres (sopa) de açúcar
- 1 ovo levemente batido
- 185 g de farinha de trigo
- 1 colher (chá) de cardamomo
- 1 colher (chá) de canela
- raspas de 1 laranja
- 200 g de chocolate com sabor de laranja em pedaços

1 Preaqueça o forno a 180°C. Unte duas assadeiras grandes.

2 Bata a manteiga, a essência de baunilha e os açúcares até ficar cremoso. Junte o ovo e continue batendo até incorporá-lo. Em seguida, misture os ingredientes restantes. Distribua vinte e quatro colheradas da massa nas assadeiras, deixando cerca de 5 cm entre os biscoitos. (Se você não tiver duas assadeiras grandes, asse os biscoitos em levas.)

3 Leve ao forno por 10-12 minutos, ou até que os biscoitos fiquem marrom-escuros. Desenforme e sirva frio.

Biscotti de chocolate com pistache

PREPARO 35 minutos COZIMENTO 50-65 minutos
RENDIMENTO 20 unidades

125 g de açúcar
1 ovo
125 g de farinha de trigo
2 colheres (sopa) de cacau em pó
½ colher (chá) de fermento em pó
50 g de pistache picado grosseiramente

1 Preaqueça o forno a 170°C. Forre uma assadeira grande com papel-manteiga.

2 Bata o açúcar e o ovo até ficar cremoso. Numa tigela separada, misture os ingredientes restantes e incorpore-os lentamente ao creme de ovo até formar uma massa. Sobre uma superfície levemente enfarinhada, trabalhe a massa delicadamente por cerca de 30 segundos, dando-lhe o formato de um cilindro com cerca de 18 cm x 5 cm.

3 Leve ao forno por 20-25 minutos, ou até que a massa fique firme. Retire do forno e deixe esfriar. Em seguida, abaixe a temperatura do forno para 140°C. Com uma faca serrilhada, corte a massa fria em cerca de vinte rodelas com 5 mm de espessura cada.

4 Coloque as rodelas de biscotti numa assadeira limpa forrada com papel-manteiga e leve ao forno preaquecido por 30-40 minutos, virando as rodelas uma vez, até que fiquem bem secas. Desenforme e sirva frio.

Cookie de massa trufada

PREPARO 15 minutos, mais o tempo de refrigeração COZIMENTO 10-12 minutos
RENDIMENTO 20 unidades

100 g de açúcar
75 g de farinha de trigo com fermento
3 colheres (sopa) de cacau em pó
uma pitada de sal
25 g de manteiga picada
1 ovo levemente batido
1 colher (chá) de essência de baunilha
açúcar de confeiteiro peneirado, para enrolar e polvilhar

1 Forre uma assadeira grande com papel-manteiga.

2 Bata o açúcar, a farinha de trigo, o cacau, o sal e a manteiga. Junte o ovo e a essência de baunilha e bata mais um pouco. Leve à geladeira e deixe gelar por 30 minutos. Preaqueça o forno a 180°C.

3 Forme vinte bolinhas do tamanho aproximado de uma noz, passe no açúcar de confeiteiro e distribua na assadeira, deixando cerca de 10 cm entre elas. (Se você não tiver uma assadeira grande, asse os cookies em levas.)

4 Leve ao forno por 10-12 minutos, ou até que fiquem firmes. Desenforme e deixe esfriar. Quando estiver frio, polvilhe os cookies com o açúcar de confeiteiro.

Biscoito do polegar

PREPARO 20 minutos COZIMENTO 10-12 minutos
RENDIMENTO 24 unidades

- 125 g de manteiga em temperatura ambiente, mais um pouco para untar
- 125 g de açúcar
- 1 ovo levemente batido
- 75 g de farinha de trigo
- 75 g de farinha de trigo com fermento
- 2 colheres (sopa) de cacau em pó
- 150 g de pasta de chocolate com avelã
- açúcar de confeiteiro peneirado, para polvilhar

1 Preaqueça o forno a 180°C. Unte duas assadeiras grandes.

2 Bata a manteiga e o açúcar até ficar cremoso e, em seguida, junte o ovo. Misture as farinhas e o cacau e incorpore ao creme de manteiga. Faça vinte e quatro bolinhas de massa do tamanho aproximado de uma noz e distribua nas assadeiras, deixando cerca de 5 cm entre os biscoitos. Com o polegar, empurre para baixo o centro de cada bolinha, criando uma reentrância, e preencha cada uma com 1 colher (chá) de pasta de chocolate com avelã. (Se você não tiver duas assadeiras grandes, asse os biscoitos em levas.)

3 Leve ao forno por 10-12 minutos, ou até que os biscoitos fiquem firmes. Deixe esfriar por 10 minutos e desenforme. Quando estiver frio, polvilhe os biscoitos com o açúcar de confeiteiro e sirva.

Crepes, cremes e tortinhas

Este capítulo apresenta uma deliciosa seleção de crepes, cremes, pudins e tortinhas para finalizar perfeitamente qualquer refeição especial. São alternativas para as sobremesas tradicionais que agradarão a todos os gostos, como crème brûlée, crepes e clafoutis.

Panqueca de chocolate escocesa

PREPARO 10 minutos   COZIMENTO 15 minutos
RENDIMENTO cerca de 12 porções

250 g de farinha de trigo com fermento
1 colher (sopa) de cacau em pó
100 g de açúcar
250 ml de leite
1 ovo levemente batido
manteiga derretida, para fritar as panquecas
açúcar de confeiteiro peneirado, para polvilhar

1 Peneire a farinha e o cacau, junte o açúcar e faça uma cova no centro da mistura. Bata o leite e o ovo e despeje na cova. Mexa bem com as mãos, até formar uma massa homogênea.

2 Aqueça uma frigideira antiaderente em fogo médio e pincele com a manteiga. Despeje a massa, espalhando-a em círculos de cerca de 9 cm de diâmetro, e frite por 1-2 minutos, ou até que a panqueca borbulhe. Vire com uma espátula e frite do outro lado por mais 30 segundos. Transfira para uma fôrma e repita o processo até que toda a massa tenha sido usada.

3 Polvilhe as panquecas com o açúcar de confeiteiro e sirva-as mornas.

Pera com chocolate

PREPARO 25 minutos COZIMENTO 20-25 minutos RENDIMENTO 4 porções

75 g de manteiga em temperatura ambiente, mais um pouco para untar
100 g de açúcar
2 ovos levemente batidos
125 g de farinha de trigo com fermento
75 g de amêndoa moída
125 ml de leite
100 g de chocolate amargo derretido e resfriado
3 peras maduras mas não moles, descascadas, sem caroços e cortadas em quartos
chantili, para acompanhar (opcional)

1 Preaqueça o forno a 180°C e unte uma fôrma refratária de 1,5 litro.

2 Bata a manteiga e o açúcar e, em seguida, adicione os ovos, um por vez. Em outra tigela, misture a farinha e as amêndoas e incorpore ao creme de manteiga, despejando em seguida o leite e o chocolate derretido. Mexa bem, até obter uma massa.

3 Forre a fôrma com os pedaços de pera e leve ao forno por 20-25 minutos. Deixe esfriar um pouco e sirva com o chantili.

Taça de café com ricota e licor

PREPARO 25 minutos, mais o tempo de refrigeração COZIMENTO 5 minutos
RENDIMENTO 4 porções

275 ml de creme de leite
50 g de chocolate amargo em pedaços
350 g de ricota
100 g de açúcar de confeiteiro
2 colheres (sopa) de licor de café
1 colher (sopa) de café instantâneo granulado

1 Aqueça 150 ml de creme de leite em fogo baixo até levantar fervura. Retire do fogo, junte o chocolate e mexa até dissolver. Reserve.

2 Bata a ricota, o açúcar de confeiteiro, o licor e o café até dissolvê-los. Junte o creme de leite restante e bata brevemente, só até incorporar os ingredientes.

3 Divida entre quatro taças, cubra com 1 colher (sopa) do creme de chocolate, leve à geladeira por 30-40 minutos e sirva.

Crème brûlée de chocolate

PREPARO 15 minutos, mais o tempo de refrigeração COZIMENTO 40-45 minutos
RENDIMENTO 4 porções

600 ml de creme de leite
75 g de chocolate amargo em pedaços
1 colher (chá) de essência de baunilha
6 gemas
3 colheres (sopa) de açúcar
85 g de açúcar mascavo

1 Preaqueça o forno a 130°C.

2 Aqueça o creme de leite e o chocolate em fogo baixo até que o chocolate comece a derreter. Bata a essência de baunilha, as gemas e o açúcar e, em seguida, incorpore ao creme aquecido.

3 Divida entre quatro ramequins e leve ao forno, em banho-maria, por 35-40 minutos, ou até que os pudins fiquem firmes.

4 Deixe esfriar por 30 minutos e leve à geladeira.

5 No dia seguinte, polvilhe os cremes com o açúcar mascavo e leve-os ao forno para caramelizar ou use o maçarico doméstico. Sirva imediatamente.

Folhado de chocolate

PREPARO 20 minutos COZIMENTO 20-25 minutos
RENDIMENTO 12 unidades

375 g de massa folhada pronta
75 g de chocolate amargo em pedaços
25 g de manteiga picada
5 colheres (sopa) de açúcar
1 ovo levemente batido
1 colher (chá) de essência de baunilha
1 colher (sopa) de farinha de trigo
açúcar de confeiteiro peneirado, para polvilhar

1 Preaqueça o forno a 200°C.

2 Corte a massa folhada em doze quadrados de aproximadamente 10 cm, que se ajustem mais ou menos numa assadeira para muffins com doze cavidades, deixando sobrar cerca de 1 cm. Delicadamente ajuste cada quadrado de massa a uma cavidade, sem esticá-lo, e leve à geladeira enquanto prepara o recheio.

3 Aqueça o chocolate e a manteiga em fogo baixo e mexa até derreter. Retire do fogo e deixe esfriar por 10 minutos. Em seguida, incorpore o açúcar, o ovo, a essência de baunilha e a farinha. Coloque 1-2 colheres (sopa) da mistura de chocolate no centro de cada cavidade da fôrma com massa, tomando cuidado para não encher demais.

4 Leve ao forno por 15-20 minutos, ou até que a massa esteja dourada e o recheio tenha crescido. Deixe esfriar por 5 minutos e desenforme. Quando estiver frio, polvilhe o folhado com o açúcar de confeiteiro e sirva.

Pudim de chocolate com calda de açúcar mascavo

PREPARO 15 minutos COZIMENTO 20-25 minutos RENDIMENTO 4 porções

75 g de manteiga, mais um pouco para untar
150 g de farinha com fermento
2 colheres (sopa) de cacau em pó
100 g de açúcar
125 ml de leite
1 colher (chá) de essência de baunilha
1 ovo levemente batido

Para a calda
100 g de açúcar mascavo
2 colheres (sopa) de cacau em pó

1 Preaqueça o forno a 180°C e unte uma fôrma refratária de 1,5 litro.
2 Misture a farinha, o cacau e o açúcar. Aqueça a manteiga, o leite e a essência de baunilha em fogo baixo até que a manteiga comece a derreter e deixe esfriar por 5 minutos. Incorpore o ovo, acrescente os ingredientes secos e bata até ficar homogêneo. Coloque na fôrma e prepare a calda.
3 Misture o açúcar mascavo e o cacau, salpique sobre o creme na fôrma e regue com 300 ml de água fervente. Leve ao forno por 15-20 minutos, ou até que o pudim fique firme, mas macio no centro.
4 Deixe esfriar por 5 minutos e sirva.

Pudim de chocolate no vapor

PREPARO 20 minutos COZIMENTO 1h45 RENDIMENTO 4-6 porções

- 100 g de manteiga em temperatura ambiente, mais um pouco para untar
- 100 g de açúcar
- 2 ovos levemente batidos
- 100 g de farinha de trigo com fermento
- 2 colheres (sopa) de cacau em pó
- 100 g de chocolate amargo derretido
- 2 colheres (sopa) de leite
- 1 receita de Calda rica de chocolate (p. 188) ou de Calda de chocolate com café (p. 191)

1 Unte uma fôrma de pudim de 1,250 litro. Bata a manteiga e o açúcar até ficar cremoso e, em seguida, junte os ovos aos poucos. Peneire a farinha e o cacau juntos e misture lentamente ao creme de manteiga, adicionando o chocolate derretido e o leite.

2 Despeje na fôrma e cubra com uma camada dupla de papel-alumínio, prendendo-a com barbante. Coloque a fôrma numa panela grande com água até a metade. Deixe a água ferver, abaixe o fogo e cozinhe por 1h45, adicionando mais água fervente, se necessário.

3 Retire a fôrma da panela, deixe esfriar por 10 minutos, desenforme e cubra com a calda. Sirva.

Pudim de pão com chocolate

PREPARO 15 minutos COZIMENTO 40-45 minutos RENDIMENTO 4 porções

6 minipães ou 3 pães grandes com chocolate
5 ovos
1 colher (chá) de essência de baunilha
100 g de açúcar
1,5 litro de leite
chantili, para acompanhar (opcional)

1 Preaqueça o forno a 150°C e corte os pães em fatias, com aproximadamente 5 mm de espessura. Distribua as fatias em uma fôrma refratária de 2 litros, com cerca de 23 cm de diâmetro.

2 Bata os ovos com a essência de baunilha e o açúcar e, em seguida, misture o leite.

3 Leve ao forno, em banho-maria, por 40-45 minutos, ou até que as laterais fiquem firmes, mas o centro levemente mole.

4 Deixe esfriar por 5 minutos e sirva com o chantili.

Torta de chocolate com framboesa

PREPARO 20 minutos COZIMENTO 35-40 minutos
RENDIMENTO 1 torta de 23 cm de diâmetro

- 1 receita de Massa doce para torta (p. 15)
- 150 g de chocolate amargo em pedaços
- 75 ml de creme de leite
- 75 g de manteiga picada
- 2 ovos
- 3 colheres (sopa) de açúcar
- 1 colher (sopa) de melado
- 125 g de framboesa, mais um pouco para servir (opcional)
- açúcar de confeiteiro, para polvilhar
- 1 receita de Creme de chocolate com marsala (p. 193)

1 Preaqueça o forno a 150°C e coloque a massa numa assadeira.

2 Derreta o chocolate, o creme de leite e a manteiga em fogo baixo. Retire do fogo e deixe esfriar. Bata os ovos, o açúcar e o melado até obter uma mistura clara e leve e incorpore o creme de chocolate. Espalhe as framboesas sobre a massa e despeje o recheio, tomando cuidado para não encher demais.

3 Leve ao forno por 35-40 minutos, ou até que o centro da torta fique firme. Retire do forno e deixe esfriar.

4 Quando estiver fria, polvilhe a torta com o açúcar de confeiteiro e sirva com framboesas e um pouco de Creme de chocolate com marsala.

Tortinha de chocolate com limão

PREPARO 35 minutos COZIMENTO 17-20 minutos

RENDIMENTO 4 unidades de 10 cm de diâmetro

4 receitas de Massa doce para torta (p. 15)
suco e raspas finas de 3 limões
150 g de açúcar
5 ovos levemente batidos
150 g de manteiga picada
100 g de chocolate amargo derretido, mais lascas para decorar
cacau em pó peneirado, para polvilhar

1 Preaqueça o forno a 180°C e coloque as forminhas de massa numa assadeira.

2 Aqueça o suco e as raspas de limão, o açúcar, os ovos e a manteiga em banho-maria, mexendo sem parar, por aproximadamente 15 minutos, ou até que a mistura engrosse e cubra o dorso da colher. Retire do fogo e incorpore o chocolate derretido. Despeje nas forminhas de massa, até dois terços da altura.

3 Leve ao forno por 12-15 minutos, ou até que o recheio fique firme. Deixe esfriar e, quando estiverem frias, espalhe as lascas de chocolate sobre as tortinhas, polvilhe-as com o cacau e sirva.

Tortinha de chocolate branco com frutas vermelhas

PREPARO 30 minutos COZIMENTO 8-10 minutos
RENDIMENTO 12 unidades

- 125 g de manteiga derretida, mais um pouco para untar
- 8 folhas de massa folhada
- 5 colheres (sopa) de açúcar
- 150 ml de creme de leite em ponto de chantili
- 125 g de chocolate branco derretido e resfriado
- 185 g de framboesa e amora

1 Preaqueça o forno a 180°C. Unte uma assadeira de muffins com doze cavidades.

2 Estenda uma folha de massa folhada e pincele com a manteiga derretida. Polvilhe com um pouco de açúcar e cubra com uma segunda camada de massa, levemente untada. Polvilhe novamente com o açúcar e repita a operação até que todas as folhas tenham sido usadas, terminando com uma camada de manteiga e açúcar. Corte a pilha de massa em doze quadrados e disponha um quadrado em cada casulo da assadeira de muffin.

3 Leve ao forno por 8-10 minutos, ou até que a massa esteja dourado-escura, e deixe esfriar.

4 Misture delicadamente o chantili e o chocolate derretido. Desenforme as tortinhas e, antes de servir, divida o recheio por igual entre elas e distribua as frutas misturadas.

Sorvetes e gelados

Poucas coisas têm sabor tão maravilhoso como um sorvete caseiro bem preparado. Além disso, chocolate e sorvete são uma combinação perfeita. Adquirir uma sorveteira é um bom investimento, pois ela certamente não ficará no armário sem uso.

Sorvete rico de chocolate

PREPARO 20 minutos, mais o tempo de refrigeração e sorveteira COZIMENTO 5 minutos
RENDIMENTO 1 litro

300 ml de leite
300 ml de creme de leite
350 g de chocolate amargo ou ao leite em pedaços
4 gemas
100 g de açúcar

1 Aqueça o leite, o creme de leite e o chocolate em fogo baixo até que o chocolate comece a derreter. Retire do fogo e mexa bem, até ficar homogêneo.

2 Bata as gemas e o açúcar e acrescente ao chocolate ainda quente, batendo sem parar. Retorne à panela e leve novamente ao fogo, mexendo sem parar, até que comece a engrossar e cubra levemente o dorso da colher. Não deixe ferver.

3 Espere esfriar e leve ao congelador por 3 horas, no mínimo. Em seguida, bata na sorveteira, de acordo com as instruções do fabricante.

Sorvete de cream cheese com morango e chocolate branco

PREPARO 15 minutos, mais o tempo de refrigeração e sorveteira RENDIMENTO 1 litro

200 g de cream cheese em temperatura ambiente
150 g de açúcar
250 ml de creme de leite
250 ml de creme de leite fresco com gotas de limão
150 g de morango picado
125 g de chocolate branco derretido e resfriado

1 Bata o cream cheese e o açúcar até ficar homogêneo. Incorpore o creme de leite e o creme de leite fresco com gotas de limão, os morangos e o chocolate.

2 Leve ao congelador por, no mínimo, 3 horas e bata em seguida na sorveteira, de acordo com as instruções do fabricante.

Sorvete de hortelã com lascas de chocolate

PREPARO 20 minutos, mais o tempo de refrigeração e sorveteira COZIMENTO 5 minutos
RENDIMENTO 1 litro

375 ml de leite
125 g de açúcar
375 ml de creme de leite
175 g de chocolate amargo ralado
2 colheres (chá) de essência de hortelã-pimenta
2-3 gotas de corante verde (opcional)

1 Aqueça o leite e o açúcar em fogo médio até dissolver o açúcar. Retire do fogo, adicione o creme de leite, mexa e deixe esfriar. Quando estiver frio, misture o chocolate, a essência e o corante, se for usá-lo.

2 Leve ao congelador por, no mínimo, 3 horas e, em seguida, bata na sorveteira, de acordo com as instruções do fabricante.

Sorvete de gengibre com chocolate

PREPARO 25 minutos, mais o tempo de refrigeração e sorveteira COZIMENTO 5 minutos
RENDIMENTO 1 litro

250 ml de leite
100 g de chocolate amargo em pedaços
3 gemas
100 g de açúcar
500 ml de creme de leite
100 g de gengibre picado
1 colher (sopa) de xarope de gengibre

1 Aqueça o leite e o chocolate em fogo baixo até o chocolate começar a derreter.
2 Bata as gemas e o açúcar, acrescente o creme de chocolate ainda quente e continue batendo sem parar. Leve novamente ao fogo, mexendo sem parar, até que comece a engrossar e cubra o dorso da colher. Não deixe ferver.
3 Espere esfriar e misture o creme de leite, o gengibre e o xarope. Leve ao congelador por 3 horas ou a noite toda; em seguida, bata na sorveteira, de acordo com as instruções do fabricante.

Sorbet de chocolate

PREPARO 30 minutos, mais o tempo de refrigeração e sorveteira COZIMENTO 25 minutos
RENDIMENTO 1 litro

250 g de açúcar
150 g de cacau em pó peneirado
2 colheres (chá) de essência de baunilha

1 Dissolva o açúcar em 900 ml de água sob fogo médio, mexendo sem parar. Em seguida, adicione o cacau e bata. Deixe ferver, reduza o fogo e cozinhe lentamente por 20 minutos em fogo baixo, mexendo de vez em quando. Retire do fogo, junte a essência e deixe esfriar.

2 Leve ao congelador, no mínimo por 2 horas, ou deixe a noite toda. Em seguida, bata na sorveteira, de acordo com as instruções do fabricante.

Parfait de chocolate branco com framboesa

PREPARO 25 minutos, mais o tempo de refrigeração COZIMENTO 5 minutos
RENDIMENTO 4 porções

- 125 ml de creme de leite
- 125 g de chocolate branco em pedaços
- 2 claras
- 100 g de açúcar
- 125 g de framboesa levemente amassada, mais algumas inteiras para servir
- 1 colher (chá) de licor de morango ou de framboesa

1 Aqueça o creme de leite e o chocolate em fogo baixo até começar a derreter e deixe esfriar. Bata as claras em neve e junte aos poucos o açúcar, até que fiquem firmes, e incorpore lentamente ao creme de chocolate; em seguida, acrescente a pasta de framboesa e o licor.

2 Divida entre quatro forminhas refratárias de 200 ml e leve ao congelador por, no mínimo, 3 horas.

3 Em seguida, desenforme e sirva com as framboesas reservadas.

Sundae de abacaxi grelhado com macadâmia e chocolate

PREPARO 15 minutos COZIMENTO 5 minutos
RENDIMENTO 4 porções

- 1 abacaxi pequeno maduro
- 100 g de açúcar mascavo
- 2 colheres (sopa) de rum
- 8 bolas de Sorvete rico de chocolate (p. 146) ou de sorvete de boa qualidade comprado pronto e levemente derretido
- 1 receita de Calda de chocolate ao rum (p. 191)
- 85 g de macadâmia torrada e picada
- 4 casquinhas de sorvete (opcional)

1 Divida o abacaxi em quartos, retire o miolo e corte rodelas de 1 cm de espessura. Coloque-as numa tigela com o açúcar mascavo e o rum e deixe descansar por alguns minutos.

2 Coloque as fatias de abacaxi numa fôrma e leve ao forno bem quente, até que o abacaxi fique levemente morno e um pouco brilhante. Distribua o abacaxi em quatro taças; coloque duas bolas de sorvete em cada uma, regue com a calda, salpique com as macadâmias e sirva nas casquinhas, se for usá-las.

Sundae de pêssego com amaretto e chocolate

PREPARO 30 minutos, mais o tempo de resfriamento COZIMENTO 15-17 minutos
RENDIMENTO 4 porções

- 150 g de açúcar
- 4 pêssegos maduros e firmes
- 8 bolas de Sorvete rico de chocolate (p. 146) ou de um sorvete de boa qualidade comprado pronto e levemente derretido
- 1 receita de Calda rica de chocolate (p. 188)
- 100 g de biscoito amaretto moído

1 Dissolva o açúcar em 250 ml de água sob fogo médio, mexendo sem parar. Adicione os pêssegos e cozinhe por 8-10 minutos em fogo baixo, até que comecem a amolecer. Retire os pêssegos da calda e deixe esfriar. Quando estiverem frios, descasque-os, corte-os ao meio horizontalmente e retire as sementes.

2 Volte a calda ao fogo, deixe levantar fervura e cozinhe em fogo baixo até reduzir o líquido à metade. Deixe esfriar.

3 Divida os pedaços de pêssego entre quatro taças e regue com um pouco de calda. Coloque uma bola de sorvete em cada uma, cubra com mais um pouco de calda de chocolate, salpique com os biscoitos e sirva.

Sorvete de chocolate com iogurte

PREPARO 20 minutos, mais o tempo de refrigeração e sorveteira COZIMENTO 5 minutos
RENDIMENTO 1 litro

- 100 g de açúcar
- 1 colher (sopa) de maisena
- 375 ml de leite
- 1 ovo levemente batido
- 125 ml de calda de chocolate
- 1 colher (sopa) de mel
- 375 ml de iogurte natural ou com sabor de baunilha
- 1 colher (chá) de essência de baunilha

1 Misture o açúcar, a maisena e um pouco do leite até obter uma pasta. Leve o leite restante ao fogo baixo, acrescente a mistura de maisena e o ovo, batendo sem parar, até engrossar e cobrir o dorso da colher. Transfira para uma tigela e incorpore a calda de chocolate e o mel. Deixe esfriar e leve à geladeira por 3 horas.

2 Bata o iogurte e a essência de baunilha; em seguida, acrescente o sorvete. Leve à sorveteira e bata de acordo com as instruções do fabricante.

Trufas, docinhos e bebidas

Trufas e docinhos de chocolate feitos em casa dão um toque de amor a qualquer comemoração – além de serem presentes originais e bonitos. Outro destaque deste capítulo são as bebidas, como um chocolate quente para o inverno e um café gelado com chocolate para o verão.

Trufa de chocolate com amora e vinho do Porto

PREPARO 25 minutos, mais o tempo de refrigeração COZIMENTO 5 minutos
RENDIMENTO 30 unidades

- 200 g de chocolate amargo em pedaços
- 60 ml de creme de leite
- 2 colheres (sopa) de vinho do Porto
- 4 colheres (sopa) de amora picada
- 250 g de chocolate branco derretido e resfriado

1 Forre uma assadeira com papel-manteiga. Leve o chocolate e o creme de leite ao fogo baixo até que o chocolate comece a derreter, mexendo sem parar. Retire do fogo e mexa bem até ficar homogêneo. Acrescente o vinho do Porto e as amoras, deixe esfriar e leve à geladeira por cerca de 30 minutos, ou até endurecer.

2 Com uma colher, modele as trufas, mergulhe-as no chocolate branco e coloque-as na assadeira. Leve à geladeira por 1 hora, ou até que fiquem firmes, e sirva.

Trufa de chocolate branco com frutas cítricas e coco

PREPARO 25 minutos, mais o tempo de refrigeração COZIMENTO 5 minutos

RENDIMENTO 30 unidades

- 100 ml de creme de coco
- 350 g de chocolate branco em pedaços
- 2 colheres (chá) de raspas finas de limão
- 2 colheres (chá) de raspas finas de limão-siciliano
- 2 colheres (sopa) de licor de coco
- 1 colher (sopa) de rum
- 90 g de coco ralado

1 Forre uma assadeira com papel-manteiga. Cozinhe o creme de coco e o chocolate em fogo baixo até começar a derreter, mexendo sem parar. Em seguida, retire do fogo e mexa bem, até ficar homogêneo. Deixe esfriar, misture as raspas, o licor e o rum e leve à geladeira por cerca de 30 minutos, ou até endurecer.

2 Com uma colher, modele as trufas, passe-as no coco ralado e coloque-as na assadeira. Leve à geladeira por 1 hora, ou até que fiquem firmes.

Trufa de chocolate ao leite com pasta de amendoim

PREPARO 30 minutos, mais o tempo de refrigeração COZIMENTO 5 minutos RENDIMENTO 30 unidades

200 g de chocolate ao leite em pedaços
100 ml de creme de leite
3 colheres (sopa) de pasta de amendoim
100 g de amendoim torrado e moído

1 Forre uma assadeira com papel-manteiga. Leve o chocolate e o creme de leite ao fogo baixo até que o chocolate comece a derreter, mexendo sem parar. Retire do fogo, junte a pasta de amendoim e mexa até ficar homogêneo. Deixe esfriar e leve à geladeira por cerca de 30 minutos, ou até que fique firme.
2 Com uma colher, modele as trufas, passe-as no amendoim moído e coloque-as na assadeira. Leve à geladeira por 1 hora, ou até que fiquem firmes, e sirva.

Trufa de dois chocolates

PREPARO 25 minutos, mais o tempo de refrigeração COZIMENTO 5 minutos RENDIMENTO 20 unidades

150 g de chocolate amargo em pedaços
4 colheres (sopa) de creme de leite
2 colheres (sopa) de licor de sua preferência
2 colheres (sopa) de cacau em pó peneirado

1 Forre uma assadeira com papel-manteiga. Leve o chocolate e o creme de leite ao fogo baixo até que o chocolate comece a derreter, mexendo sem parar. Em seguida, retire do fogo, acrescente o licor e deixe esfriar. Quando estiver frio, leve à geladeira por cerca de 30 minutos, ou até que fique firme.
2 Com uma colher, modele as trufas, passe-as no cacau e coloque-as na assadeira. Leve à geladeira por 1 hora, ou até que fiquem firmes, e sirva.

Trufa de chocolate com laranja

PREPARO 20 minutos, mais o tempo de refrigeração COZIMENTO 5 minutos RENDIMENTO 18 unidades

150 g de chocolate amargo em pedaços
4 colheres (sopa) de creme de leite
3 colheres (sopa) de licor de laranja
raspas finas de 1 laranja
açúcar de confeiteiro peneirado, para revestir

1 Forre uma assadeira com papel-manteiga. Leve o chocolate e o creme de leite ao fogo baixo, até que o chocolate comece a derreter, mexendo sem parar. Retire do fogo, misture o licor e as raspas de laranja e deixe esfriar. Quando estiver frio, leve à geladeira por cerca de 30 minutos, ou até endurecer.
2 Com uma colher, modele as trufas, passe-as no açúcar de confeiteiro e coloque-as na assadeira. Leve à geladeira por 1 hora, ou até que fiquem firmes.

Trufa de chocolate com gengibre

PREPARO 25 minutos, mais o tempo de refrigeração COZIMENTO 5 minutos RENDIMENTO 30 unidades

300 g de biscoito de gengibre triturado
3 colheres (sopa) de cacau em pó
2 pedaços de gengibre bem picados
250 g de leite condensado
90 g de coco ralado

1 Forre uma assadeira com papel-manteiga. Em uma tigela, misture os biscoitos, o cacau, o gengibre e o leite condensado até incorporá-los.
2 Com as mãos levemente molhadas, modele as trufas, passe-as no coco ralado e coloque-as na assadeira. Leve à geladeira por 1 hora, ou até que fiquem firmes.

Gotas de chocolate com amêndoa

(à direita)

PREPARO 15 minutos, mais o tempo de refrigeração COZIMENTO 5 minutos RENDIMENTO 18 unidades

200 g de chocolate amargo ou ao leite em pedaços
250 g de amêndoa descascada e torrada

1 Forre uma assadeira com papel-manteiga. Em seguida, derreta o chocolate em fogo baixo, mexendo sem parar. Em seguida, retire do fogo, misture as amêndoas até incorporá-las e deixe esfriar por 5 minutos.
2 Modele as gotas, coloque-as na assadeira e leve à geladeira por cerca de 30 minutos, ou até endurecer.

Gotas de chocolate branco com macadâmia e gengibre

PREPARO 15 minutos, mais o tempo de refrigeração COZIMENTO 5 minutos RENDIMENTO 18 unidades

200 g de chocolate branco em pedaços
160 g de macadâmia inteira torrada
3 pedaços de gengibre bem picados

1 Forre uma assadeira com papel-manteiga. Derreta o chocolate em fogo baixo, mexendo sem parar. Acrescente as macadâmias e o gengibre e mexa até incorporá-los.
2 Com uma colher, modele as gotas e coloque-as na assadeira. Leve à geladeira por cerca de 30 minutos, até que fiquem firmes.

Quadradinho de chocolate com hortelã

PREPARO 30 minutos, mais o tempo de refrigeração COZIMENTO 5 minutos
RENDIMENTO 16 unidades

- 350 g de chocolate amargo em pedaços
- 1 lata de leite condensado
- 175 g de açúcar de confeiteiro
- 2 colheres (chá) de essência de baunilha
- 1 colher (sopa) de essência de hortelã-pimenta

1 Forre uma assadeira rasa quadrada de 23 cm com papel-manteiga.

2 Misture o chocolate e o leite condensado em fogo baixo até o chocolate começar a derreter. Retire do fogo e mexa até ficar homogêneo. Em seguida, misture o açúcar e as essências, despeje na assadeira e deixe esfriar.

3 Quando estiver frio, leve à geladeira por cerca de 30 minutos, ou até endurecer. Desenforme, corte em quadradinhos e sirva.

Quadradinho de cappuccino

PREPARO 15 minutos, mais o tempo de refrigeração COZIMENTO 5 minutos
RENDIMENTO 16 unidades

200 g de chocolate amargo em pedaços
1 colher (chá) de café instantâneo granulado
1 colher (sopa) de licor de café
150 g de chocolate branco em pedaços
2 colheres (sopa) de cacau em pó peneirado

1 Forre uma assadeira quadrada rasa de 23 cm com papel-manteiga, deixando uma sobra acima das bordas.
2 Derreta o chocolate em fogo baixo, retire do fogo e mexa bem até ficar homogêneo. Acrescente o café e o licor e despeje na assadeira. Leve à geladeira por cerca de 30 minutos, ou até endurecer.
3 Em seguida, derreta o chocolate branco em fogo baixo, espalhe sobre a chocolate amargo e polvilhe com o cacau.
4 Leve novamente à geladeira por 30 minutos, desenforme com o auxílio do papel-manteiga e, com uma faca quente, corte em quadradinhos antes de servir.

Frutas secas cobertas de chocolate

PREPARO 15 minutos, mais o tempo de refrigeração COZIMENTO 5 minutos
RENDIMENTO 24 unidades

250 g de chocolate amargo em pedaços
24 pedaços de frutas secas (damasco, figo, ameixa etc.)

1 Forre uma assadeira com papel-manteiga. Derreta o chocolate em fogo baixo, retire do fogo e mexa até ficar homogêneo.
2 Mergulhe as frutas no chocolate derretido até a metade e coloque-as na assadeira (se o chocolate escorrer sem cobri-las perfeitamente, deixe esfriar por alguns minutos e tente novamente).
3 Leve à geladeira por cerca de 30 minutos, ou até que o chocolate endureça.

Florentine de chocolate

PREPARO 35 minutos COZIMENTO 6-8 minutos
RENDIMENTO 24 unidades

- 50 g de manteiga, mais um pouco para untar
- 3 colheres (sopa) de açúcar
- 2 colheres (chá) de mel
- 50 g de amêndoa laminada
- 50 g de cereja cristalizada picada
- 50 g de uva-passa
- 150 g de chocolate ao leite derretido e resfriado

1 Preaqueça o forno a 180° C e forre duas assadeiras grandes com papel-manteiga.

2 Derreta a manteiga, o açúcar e o mel em fogo baixo e reserve. Misture as amêndoas, as cerejas e as uvas-passas e despeje a manteiga derretida, mexendo bem para incorporá-la. Distribua colheradas nas assadeiras, deixando 5 cm entre os florentines e achate-os levemente, como se formassem círculos.

3 Leve ao forno por 6-8 minutos, ou até que estejam dourados. Desenforme, deixe esfriar por 5 minutos e transfira para uma travessa.

4 Quando estiverem frios, vire-os (a parte de trás estará lisa) e espalhe o chocolate derretido. Espere alguns minutos e, com um garfo, decore com linhas onduladas. Deixe o chocolate endurecer e sirva.

Quadradinho de chocolate com gengibre

PREPARO 25 minutos, mais o tempo de refrigeração COZIMENTO 5 minutos
RENDIMENTO 16 unidades

400 g de chocolate amargo em pedaços
125 g de manteiga picada
1 lata de leite condensado
5 pedaços de gengibre bem picados
250 g de biscoito de gengibre moído
75 g de coco ralado torrado, mais 3 colheres (sopa), para salpicar

1 Forre uma assadeira rasa e quadrada de 23 cm com papel-alumínio, deixando uma sobra acima das bordas.
2 Aqueça o chocolate e a manteiga até começar a derreter, mexa bem e adicione os ingredientes restantes. Salpique com o coco e leve à geladeira até endurecer.
3 Desenforme com o auxílio do papel-alumínio, corte em quadradinhos e sirva.

Quadradinho de trufa de chocolate com amêndoa

PREPARO 25 minutos, mais o tempo de refrigeração COZIMENTO 5 minutos
RENDIMENTO 16 unidades

450 g de chocolate amargo em pedaços
125 ml de creme de leite
3 colheres (sopa) de licor amaretto
50 g de amêndoa torrada e picada grosseiramente

1 Forre uma fôrma quadrada e rasa de 20 cm com papel-alumínio.
2 Aqueça 350 g do chocolate com o creme de leite em fogo baixo até começar a derreter, mexa bem para ficar homogêneo e misture o licor. Reserve.
3 Derreta o chocolate restante em fogo baixo e espalhe metade na fôrma.
4 Leve à geladeira a base de chocolate até endurecer; em seguida, cubra com a mistura de chocolate e licor e salpique com as amêndoas. Despeje o chocolate derretido restante de modo a decorar a sobremesa. Leve à geladeira por cerca de 30 minutos, ou até endurecer. Desenforme com auxílio do papel-alumínio, corte em quadradinhos e sirva.

O melhor chocolate quente de todos os tempos

PREPARO 15 minutos COZIMENTO 5 minutos RENDIMENTO 4 xícaras

250 ml de leite
250 ml de creme de leite
2 colheres (sopa) de açúcar
125 g de chocolate amargo em pedaços
cacau em pó peneirado, para polvilhar (opcional)

1 Aqueça o leite e metade do creme de leite numa panela até levantar fervura. Adicione o açúcar e o chocolate e bata bem na batedeira.

2 Divida entre quatro xícaras pequenas (a mistura é muito substanciosa). Bata o creme de leite restante em ponto de chantili, coloque uma colherada em cada xícara e polvilhe o chocolate quente com o cacau em pó. Sirva em seguida.

Café com chocolate e avelã

PREPARO 5 minutos COZIMENTO 5 minutos RENDIMENTO 4 xícaras

1 litro de leite
4 colheres (chá) de cacau em pó
4 colheres (chá) de café instantâneo granulado
4 colheres (sopa) de açúcar
4 colheres (sopa) de licor de avelã
125 ml de creme de leite batido em ponto de chantili
uma pitada de canela, para polvilhar

1 Aqueça o leite até levantar fervura, retire do fogo e bata o cacau, o café, o açúcar e o licor.

2 Em seguida, coe e divida entre quatro xícaras. Cubra com uma colherada de chantili, polvilhe o café com a canela e sirva.

Café irlandês com chocolate

PREPARO 10 minutos RENDIMENTO 4 xícaras

3 colheres (sopa) de cacau em pó
875 ml de café feito na hora
4 colheres (chá) de açúcar
2 colheres (sopa) de whisky irlandês
4 colheres (sopa) de Creme de chocolate com chantili (p. 194)
3 colheres (sopa) de chocolate amargo ralado

1 Misture o cacau com 125 ml do café até formar uma pasta. Adicione o café restante, o açúcar e o whisky e bata.

2 Divida entre quatro xícaras, cubra com uma colherada do Creme de chocolate com chantili, polvilhe o café com o chocolate ralado e sirva.

Milk-shake de café gelado

PREPARO 20 minutos, mais o tempo de refrigeração   RENDIMENTO 4 copos

3 colheres (sopa) de cacau em pó
875 ml de café forte quente
2 colheres (sopa) de açúcar
4 bolas de Sorvete rico de chocolate (p. 146) ou de sorvete de boa qualidade comprado pronto
125 ml de creme de leite batido em ponto de chantili
4 colheres (sopa) de chocolate amargo ralado

1 Misture o cacau com duas colheradas de café até formar uma pasta. Adicione ao café restante, junte o açúcar e mexa bem, até dissolvê-lo. Deixe esfriar e leve à geladeira por 30 minutos.

2 Distribua as bolas de sorvete em quatro copos altos. Despeje o café, dividindo-o por igual, cubra com o chantili e polvilhe o milk-shake com o chocolate ralado. Sirva em seguida.

Milk-shake de chocolate com hortelã (à direita)

PREPARO 15 minutos RENDIMENTO 4 copos

75 g de chocolate amargo ou ao leite derretido e esfriado
400 ml de leite frio
150 ml de iogurte natural ou sabor de baunilha
6 folhas de hortelã, mais um pouco para decorar
4 bolas de Sorvete rico de chocolate (p. 146) ou de sorvete de boa qualidade comprado pronto

1 Bata o chocolate, o leite, o iogurte e a hortelã no liquidificador até ficar cremoso.

2 Divida entre quatro copos altos e cubra com uma bola de sorvete. Decore com folhas de hortelã e sirva em seguida.

Milk-shake de chocolate

PREPARO 5 minutos RENDIMENTO 4 copos

500 ml de leite frio
1 colher (chá) de essência de baunilha
4 colheres (sopa) de açúcar
8 colheres (sopa) de Sorvete rico de chocolate (p. 146) ou de sorvete de boa qualidade comprado pronto

1 Bata bem todos os ingredientes no liquidificador.

2 Divida entre quatro copos altos e sirva.

Caldas e coberturas

Este capítulo traz diversos tipos de caldas e coberturas para você usar à vontade, tanto em bolos e tortas sofisticados como numa simples taça de sorvete ou acompanhando frutas frescas. É um diferencial que agradará a todos, sem que você gaste muito tempo na cozinha.

Calda rica de chocolate (à direita)

PREPARO 10 minutos COZIMENTO 5 minutos RENDIMENTO 375 ml

- 250 ml de creme de leite
- 150 g de chocolate amargo em pedaços
- 1 colher (sopa) de licor de chocolate (opcional)
- 1 colher (sopa) de açúcar de confeiteiro
- 1 colher (chá) de essência de baunilha

1 Aqueça o creme de leite e o chocolate em fogo baixo até que o chocolate comece a derreter, mexendo sem parar.

2 Retire do fogo, misture o licor, se for usá-lo, o açúcar e a essência de baunilha. Sirva morna.

Calda de chocolate branco

PREPARO 10 minutos COZIMENTO 5 minutos RENDIMENTO 375 ml

- 250 ml de creme de leite
- 125 g de chocolate branco em pedaços
- 1 colher (chá) de essência de baunilha

1 Aqueça o creme de leite e o chocolate em fogo baixo até que o chocolate comece a derreter. Junte a essência de baunilha e mexa bem para ficar homogêneo. Sirva morna.

Calda de chocolate ao rum

PREPARO 10 minutos COZIMENTO 5 minutos RENDIMENTO 300 ml

250 ml de creme de leite
2 colheres (chá) de açúcar granulado
100 g de chocolate amargo em pedaços
2 colheres (sopa) de rum

1 Aqueça o creme de leite, o açúcar e o chocolate em fogo baixo até derreter o chocolate, mexendo sem parar, para ficar homogêneo.
2 Retire do fogo, misture o rum e sirva morna.

Calda de chocolate com café

(à esquerda)

PREPARO 10 minutos COZIMENTO 5 minutos RENDIMENTO 375 ml

250 ml de creme de leite
150 g de chocolate amargo em pedaços
60 ml de café forte quente
1 colher (sopa) de licor de café

1 Aqueça o creme de leite e o chocolate em fogo baixo até que o chocolate comece a derreter.
2 Retire a panela do fogo, junte o café e o licor. Deixe esfriar por 10 minutos e sirva.

Creme de chocolate com marsala

(à esquerda)

PREPARO 10 minutos RENDIMENTO 250 ml

250 ml de creme de leite
1 colher (sopa) de açúcar de confeiteiro
1 colher (sopa) de marsala
cacau em pó peneirado, para polvilhar

1 Misture o creme de leite, o açúcar de confeiteiro e o marsala e bata em ponto de chantili.
2 Polvilhe o creme com o cacau antes de servir.

Creme de chocolate com mascarpone

PREPARO 10 minutos, mais o tempo de refrigeração RENDIMENTO 250 ml

125 g de chocolate ao leite derretido e resfriado
1 colher (chá) de essência de baunilha
125 g de mascarpone

1 Bata todos os ingredientes.
2 Leve à geladeira por 30 minutos e sirva.

Creme de chocolate com chantili

PREPARO 15 minutos RENDIMENTO 250 ml

250 ml de creme de leite
2 colheres (sopa) de açúcar de confeiteiro
100 g de chocolate amargo ou ao leite derretido e resfriado

1 Bata o creme de leite e o açúcar em ponto de chantili.
2 Delicadamente, incorpore o chocolate derretido antes de usar.

Creme de manteiga com chocolate

PREPARO 15 minutos, mais o tempo de refrigeração RENDIMENTO 375 ml

175 g de manteiga
200 g de açúcar mascavo
1 gema
1 colher (sopa) de leite
1 colher (sopa) de cacau em pó
100 g de chocolate amargo derretido e resfriado

1 Bata a manteiga e o açúcar até ficar cremoso. Adicione os demais ingredientes e continue a bater até ficar homogêneo.
2 Leve à geladeira por 30 minutos antes de usar.

Creme de manteiga com café

PREPARO 45 minutos, mais o tempo de resfriamento e refrigeração COZIMENTO 5 minutos
RENDIMENTO 500 ml

- 175 ml de leite
- 100 g de chocolate amargo em pedaços
- 4 colheres (chá) de café instantâneo granulado
- 1 colher (chá) de essência de baunilha
- 3 gemas
- 100 g de manteiga em temperatura ambiente
- 200 g de açúcar de confeiteiro

1 Aqueça o leite, o chocolate, o café e a essência de baunilha em fogo baixo até que o chocolate comece a derreter e retire do fogo. Numa tigela, bata as gemas e incorpore o creme de chocolate. Volte ao fogo e cozinhe, mexendo sem parar, até que o creme comece a engrossar e cubra o dorso da colher. Não deixe ferver e espere esfriar por 30 minutos.

2 Bata a manteiga até ficar cremosa, misture o creme de chocolate, o açúcar e continue a bater até ficar homogêneo. Deixe na geladeira por 30 minutos antes de usar.

Ganache de chocolate amargo

(à direita)

PREPARO 5 minutos, mais o tempo de resfriamento COZIMENTO 5 minutos
RENDIMENTO 250 ml

175 g de chocolate amargo em pedaços
25 g de manteiga
125 ml de creme de leite

1 Aqueça todos os ingredientes em fogo baixo, mexendo sem parar, até derreter o chocolate e a manteiga.
2 Deixe esfriar por cerca de 20 minutos, ou até que comece a engrossar. Use como recheio ou cobertura para bolos ou sirva quente, como calda.

Ganache de chocolate branco

PREPARO 10 minutos, mais o tempo de resfriamento COZIMENTO 5 minutos
RENDIMENTO 250 ml

125 ml de creme de leite fresco
125 g de chocolate branco em pedaços

1 Aqueça o creme de leite fresco em fogo baixo, retire do fogo e junte o chocolate branco. Misture delicadamente até derreter o chocolate e o creme ficar homogêneo.
2 Deixe esfriar por 30 minutos, ou até engrossar um pouco antes de usar.

Glacê de chocolate com cream cheese (à esquerda)

PREPARO 10 minutos RENDIMENTO 375 ml

- 250 g de cream cheese em temperatura ambiente
- 100 g de chocolate amargo derretido e resfriado
- 15 g de manteiga em temperatura ambiente
- 1 colher (chá) de essência de baunilha
- 250 g de açúcar de confeiteiro peneirado

1 Bata o cream cheese até dissolvê-lo.

2 Junte o chocolate, a manteiga, a essência e o açúcar de confeiteiro e continue batendo, até a cobertura ficar cremosa.

Glacê de chocolate ao rum

PREPARO 15 minutos COZIMENTO 5 minutos RENDIMENTO 375 ml

- 100 g de chocolate amargo em pedaços
- 25 g de manteiga picada
- 300 g de açúcar de confeiteiro
- 100 ml de creme de leite
- 2 colheres (sopa) de rum
- 1 colher (chá) de essência de baunilha

1 Aqueça o chocolate e a manteiga em fogo baixo e mexa até que derretam.

2 Misture o açúcar e o chocolate derretido. Acrescente o creme de leite, o rum e a essência de baunilha e bata até engrossar.

Fudge de chocolate

PREPARO 15 minutos COZIMENTO 5 minutos RENDIMENTO 375 ml

75 g de chocolate amargo em pedaços
75 g de manteiga picada
250 g de açúcar de confeiteiro
2 colheres (sopa) de cacau em pó
5 colheres (sopa) de leite
1 colher (chá) de essência de baunilha

1 Aqueça o chocolate e a manteiga em fogo baixo até que comecem a derreter. Numa tigela, misture o açúcar e o cacau e incorpore o chocolate derretido. Em seguida, adicione o leite e a essência de baunilha e mexa bem, até incorporar todos os ingredientes.

2 Coloque a tigela num recipiente maior, com um pouco de água gelada, e bata até que a cobertura fique cremosa e possa ser espalhada.

Glacê de chocolate branco

PREPARO 10 minutos, mais o tempo de resfriamento e refrigeração COZIMENTO 5 minutos
RENDIMENTO 375 ml

- 100 g de chocolate branco em pedaços
- 250 ml de creme de leite
- 250 g de mascarpone

1 Aqueça o chocolate e 150 ml do creme de leite em fogo baixo até que o chocolate comece a derreter. Retire do fogo, misture bem e deixe esfriar por 30 minutos, mexendo de vez em quando; em seguida, leve à geladeira por cerca de 1 hora.

2 Amasse o mascarpone até dissolvê-lo. Misture o creme de chocolate e adicione um pouco do creme de leite restante, o suficiente para obter um creme que possa ser espalhado.

Cobertura brilhante de chocolate (à direita)

PREPARO 15 minutos RENDIMENTO 250 ml

400 g de açúcar de confeiteiro
2 colheres (sopa) de cacau em pó
15 g de manteiga em temperatura ambiente

1 Misture o açúcar e o cacau numa tigela grande e faça uma pequena cova no centro. Coloque a manteiga nessa cova e despeje 2 colheres (sopa) de água fervente. Mexa até derreter a manteiga e a mistura ficar cremosa. Se for preciso, adicione mais 2 colheres (sopa) de água.
2 Use imediatamente.

Cobertura cremosa de chocolate

PREPARO 10 minutos RENDIMENTO 250 ml

225 g de açúcar de confeiteiro
3 colheres (sopa) de cacau em pó
25 g de manteiga derretida
4-5 colheres (sopa) de leite

1 Peneire o açúcar e o cacau juntos.
2 Misture a manteiga e a quantidade de leite suficiente para que a cobertura fique cremosa.

Índice